JN411913

내일 죽는 날이라면,
오늘 나는 슬플까

내일 죽는 날이라면, 오늘 나는 슬플까

초판 1쇄 발행 2023년 12월 30일

지은이 이윤배
펴낸이 장길수
펴낸곳 지식과감성#
출판등록 제2012-000081호

교정 주경민
디자인 이현
편집 이현, 오정은
검수 이주희
마케팅 김윤길, 정은혜

주소 서울시 금천구 벚꽃로298 대륭포스트타워6차 1212호
전화 070-4651-3730~4
팩스 070-4325-7006
이메일 ksbookup@naver.com
홈페이지 www.knsbookup.com

ISBN 979-11-392-1528-1(03810)
값 14,500원

퇴직 교수 제2의 인생살이

내일 죽는 날이라면, 오늘 나는 슬플까

이윤배 산문집

자화감정#

책을 내며

2023년 올해는 정년퇴직한 지 만 5년이 되는 해이자, 도시 생활을 청산하고 강원도 홍천 산골에 아담한 전원주택을 지어 전원생활을 시작한 지 꼭 5년이 되는, 의미 있는 해입니다. 이를 기념하고 싶은 소박한 마음에서 칠순 기념 시집 『꽃들이 말을 하네』를 출간한 후 2년여 동안 틈틈이 써 온 글들을 모아 『내일 죽는 날이라면, 오늘 나는 슬플까』라는 제목의 산문집을 출간하게 돼 감개무량합니다.

누군가 "세월은 나이 속도대로 간다."라고 했습니다. 은퇴하고 뒤돌아보니 정말 눈 깜짝할 사이에 5년이란 세월이 흘러가 버렸습니다. 어떤 TV 프로그램의 제목처럼 '나는 자연인이다'라는 마음으로 지난 5년 동안 전원에 묻혀 살아왔는데 많은 시행착오 속에 무얼 하며 살았는지 이렇다 할 특별한 기억이 없습니다.

그런데 전원생활을 시작하고 1년쯤 지난 2019년 말, 세계 곳곳에 예고 없이 갑자기 들이닥친 코로나19는 인류를 공포 속으로 몰아넣고 모든 것을 일시 정지시켜 버렸습니다. 그것도 모자라 귀한 생명을 무차별적으로 앗아 갔습니다. 그러나 필자는 산골 한적한 곳에 살기 시작한 덕분에 코로나19에서는 비교적 자유로웠지만, 필자의 삶도 예외 없이 일시 정지되었습니다. 두 번째 삶을 위해 열심히 계획하고 준비한 사회봉사 활동도, 재능 기부도 코로나19 팬데믹 3년을 지나면서 무용지물이 돼 버렸기 때문입니다.

정지된 삶 속에서 무언가 해야만 했습니다. 그래서 틈틈이 글을 썼습니다. 글을 잘 쓰든, 잘 못 쓰든, 글 쓰는 일은 늘 즐겁고 기쁜 일이었지만, 가끔은 인내가 필요하고 고통이 뒤따르기도 했습니다. 물론 즐거운 마음으로 한 편 한 편 정성을 다했으나 탈고 때는 늘 아쉬움이 남습니다. 이 아쉬움을 털어 버리기 위해서라도 컴퓨터 자판을 두들길 수 있는 마지막 그날까지 앞으로도 계속 글을 쓰렵니다. 열심히 쓰고 또 쓰다 보면 더 세련되고 더 멋진 작품이 탄생할 것으로 믿기 때문입니다.

그래서 또 다른 5년, 아니 필자 나이 77세, 희수(喜壽)가 되는 해에는 정말 따뜻하고 아름다운 내용의 수필집을 내고 싶습니다. 그런데 어쩌면 필자 살아생전에 마지막이 될지도 모르겠습니다. “나이 앞에 장사 없다”라는 말은 부인할 수 없는 ‘진리’로서 70여 년 동안 잘 사용해 온 몸뚱어리 여기저기가 대책 없이 삐걱거리고, 시력마저 하루가 다르게 나빠지고 있기 때문입니다.

2023년도 속절없이 저물고 있습니다. 이 해가 다 가기 전에 사랑하는 지인들과 술 한잔 나누며 무탈하게 지내 온 전원생활 5년과 산문집 출간을 자축하렵니다. 아울러 아름다운 산문집 출간을 위해 물심양면으로 도움을 주신 출판사 ‘지식과감성#’ 임직원 여러분께 심심한 감사의 말씀을 전합니다.

2023년 11월 강원도 홍천에서,

이윤배 씀

목차

2편 담장 밖 목소리

1편

담장 안 목소리

딱새의 무허가 둥지

나는 젊음이요, 나는 기쁨이요, 나는 알에서 갓 깬 작은 새다.

— 제임스 M. 배리

정년퇴직과 더불어 도시 생활을 청산하고 강원도 홍천에 아담한 전원주택을 지어 두 번째 삶을 시작한 지 벌써 5년째다. 홍천에서의 전원생활은 초자(初者) 귀촌인에게 알게 모르게 새로운 많은 것들을 선물처럼 가져다주었다. 그 선물 중 하나가 딱새가 집에 둥지를 튼 것이다. 재작년에는 2평 남짓한 창고 안이었는데, 작년에는 뒤뜰 가스 개량기 위에 틀었다. 그런데 이 모두 주인 허락 없이 딱새 멋대로 지은 '무허가(?) 둥지'들이다. 유감스럽게도 재작년에는 딱새가 새끼를 부화하지 못했었다. 순전히 주인인 나의 부주의 탓이었다.

재작년 늦봄, 아침마다 환기를 위해 열어 놓은 창고 안으로 새 한 쌍이 자주 들락거렸다. 전원생활이 처음이라 그 이유를 몰라 한동안 무심히 지나쳤다. 그런데 창고 문이 열릴 때마다 새들이 날아와 여전히 들락거렸다. 무슨 일인가 호기심이 발동해 혹시나 하며 새 둥지를 찾아보았다. 그런데 창고 구석 선반 가장자리에 작은 나무 조각과 풀로 엮인 밥그릇 모양의 작은 둥지가 있고, 그 안에 푸른색을 띤 알 네 개가 가지런히 놓여 있었다. 언제 둥지를 틀고 알까지 낳았는지, 그 모습을 보니 신기하고 감격스럽기까지 해 한참 동안 그 자리를 떠날 수 없었다.

그날부터 이름 모를 새와의 동거가 시작되었다. 그런데 새가 워낙 예민하고 경계심이 많아 눈만 마주쳐도 잽싸게 날아가 버리는 바람에 무슨 새인지 종류를 도무지 파악할 수 없었다. 그래서 어느 한가한 날, 마음먹고 한나절 동안 창고 문을 열어 놓고 입구를 지켜보기로 했다. 지켜본 지 한참 지난 얼마 후, 마침 새 한 마리가 창고 밖으로 나오더니 마당 빨랫줄에 앉아 잠시 주위를 두리번거렸다. 나는 미리 준비해 둔 스마트폰으로 잽싸게 사진 촬영 하는 데 성공했다. 그리고 인터넷을 뒤져 어렵사리 촬영한 사진과 똑같은 새를 찾아냈다. 바로 '딱새'였다.

딱새는 우리나라에서 쉽게 볼 수 있는 텃새로 대부분 여름에 번식한다. 생김새는 수컷은 얼굴과 날개는 검은색이지만 날개 일부는 흰색 털을 가지고 있다. 그리고 머리 정수리 부분은 회색을 띠고 가슴부터 꼬리까지 갈색이다. 암컷의 경우 윗부분은 진한 갈색, 아랫부분은 옅은 갈색을 띠며, 수컷과 마찬가지로 날개에 흰 털이 있다. 몸길이는 약 14cm 정도로 암컷은 보통 5~7개의 알을 낳는다. 알에는 흰색과 청색에 적갈색 반점이 있다.

딱새와 동거를 시작하고 며칠이 지난 어느 날 아침, 여느 때와 마찬가지로 창고 문을 여니 쥐 한 마리가 혼비백산 구석으로 숨는 모습이 포착되었다. 그런데 창고 안에 이것저것 물건들이 가득 쌓여 있어 쥐를 잡기는 어려워 보였다. 특히나 막 알을 품은 딱새에게 쥐가 해코지나 하지 않을까 염려되기도 했다. 그래서 쥐를 잡을 요량으로 약국에 가 쥐 잡는 끈끈이를 사 왔다. 그리고 쥐가 드나드는 창고 문 입구에 놓아두고 쥐가 잡히기를 바라며 저녁에 문을 완전히 닫지 않고 조금 열어 두었다.

아침에 일어나 쥐가 잡혔나 확인해 보니 아뿔싸, 어찌 이런 일이……. 전혀 상상도 할 수 없는, 일어나서는 안 되는 일이 일어나고 말았다. 쥐와 딱새 한 마리가 끈끈이에 달라붙은 채 쥐는 이미 죽어 있고 딱새는 가쁜 숨을 몰아쉬며 눈만 깜박거리고 있었다. 헤어나려고 얼마나 몸부림을 쳤는지 온몸이 끈끈이로 뒤범벅이 돼 도저히 구조할 방법이 없었다. 모양으로 봐서는 수컷 딱새였다. 그런데 쥐는 기어다니니 끈끈이에 붙는 게 당연하겠지만, 날아다니는 딱새가 왜 끈끈이에 붙어 있는지 그 이유를 알 길이 없었다. 다만 밖에 나갔다가 창고까지 날아와 잠시 쉬려고 입구에 앉았는데 공교롭게도 끈끈이 위에 앉은 게 아닌가 짐작될 뿐이었다.

쥐 잡으려다 딱새까지 잡은 난감한 상황이 되고 말았다. 모처럼 귀한 손님이 찾아와 둥지까지 틀었는데, 짠하고 미안한 마음에 눈물이 다 날 지경이었다. 살인(殺人)이 아니라 본의 아니게 살조(殺鳥)

를 한 셈이 됐으니, 이 일을 어찌해야 할지? 그러나 이미 엎질러진 물인 것을……. 아픈 마음을 달래며 결국 숨을 거둔 딱새를 조심스럽게 거두어 화단 양지바른 곳에 묻어 주었다. 그리고 좋은 곳으로 가기를 바라는 애도 기도를 정성스럽게 올렸다.

비록 집주인 잘못 만나 수컷은 비명횡사하고 말았지만, 다행히 암컷은 무사하니 얼마 지나면 알들이 부화해 예쁜 새끼들을 볼 수 있으리라 잔뜩 기대했었다. 그런데 수컷이 죽고 얼마 되지 않아 암컷의 모습은 어디에서도 찾아볼 수 없었다. 암컷은 결국 알들만 남겨둔 채 어디론가 떠나 버렸다. 비정한 모성애라고 해야 할지도 모르겠으나 알을 둔 채 떠나는 암컷의 상심은 이만저만이 아니었을 것이다. 그리고 수컷을 죽음으로 몰아넣은 나를 얼마나 원망했을까 생각하니 암컷 딱새에게 미안하고 또 미안했다.

그 후로 한 달여를 더 기다렸다. 그러나 딱새 스스로 떠난 것인지, 해코지를 당한 것인지 딱새 암컷은 끝내 돌아오지 않았다. 결국, 부화하기 틀린 알들도 수거해 수컷 곁에 고이 묻어 주었다. 나의 어리석음과 부주의로 인해 행복해야 할 딱새 가정이 하루아침에 풍비박산이 난 꼴이 됐다. 백배사죄라도 하고 싶은 마음은 굴뚝같은데……. 그래도 혹시나 내년에 암컷 딱새가 다른 수컷 짝을 만나 다시 올지도 모른다는 생각에 둥지를 치우지 않고 그대로 두었다. 그러나 기다린 보람도 없이 1년이 지나도 딱새는 끝내 돌아오지 않았다. 결국, 창고를 정리하면서 둥지도 함께 치웠다.

그런데 작년 봄 딱새가 다시 찾아와 이번에는 창고가 아닌, 가스 개량기 위에 새 둥지를 틀었다. 개량기 위에 지붕도 있는 뒤뜰이라 조용해 둥지를 틀기에는 창고 안보다 더 좋은 안성맞춤 장소였다. 물론 작년 둥지를 튼 딱새가 재작년에 떠나 버린 암컷 딱새인지는 확인할 길이 없으나 딱새 둥지를 다시 대하고 보니 기쁘고 반가웠다. 딱새가 잠시 마실 나간 틈을 타 둥지를 조심스럽게 확인해 보니 재작년보다 하나 더 많은 다섯 개의 파란 알이 가지런히 놓여 있었다. 올해는 다섯 알 모두 무탈하게 부화해 훨훨 날아가기를 간절히 바랐다.

그러나 이 기대는 이번에도 산산조각이 나고 말았다. 딱새는 열흘 정도 밤낮으로 알을 열심히 품었다. 이 때문에 곧 부화할 것으로 기대가 컸었다. 그런데 어느 날부터 딱새 모습이 보이지 않았다. 무슨 변고를 당했는지 알 수 없었으나 지난해처럼 한번 떠난 딱새는 끝내 돌아오지 않았다. 그래도 혹시나 돌아올까 한 달여를 기다렸다. 한 달이 지난 딱새 둥지의 알들은 바스러지고 깨진 채 빈 껍질만 남아 있었다. 결국, 딱새로 인해 또 한 번의 슬픔을 맛보아야 했다. 그래도 내년에 다시 찾아 주기를 간절히 기도하면서 딱새의 무허가 둥지를 치우지 않고 그냥 그대로 두었다.

삼세번이란 말도 있으니…….

이십 리(二十里) 등굣길의 추억

추억이란 희망의 길에서 발에 걸린 돌멩이다.

— 칼릴 지브란

초등학교 1학년 때 나는 윗동네와 아랫 동네를 모두 합쳐 70여 가구 정도 되는, 전기도 들어오지 않고, 버스도 다니지 않는 전남 영암 산골 오지(奧地)에서 살았다. 버스를 타기 위해서는 큰 신작로가 있는 오 리(五里)를 걸어 나가야 하고, 초등학교는 더 먼 십 리(十里) 밖에 있었다.

아침 등교 시간이 되면 동네 형들과 아이들은 마을 입구에 있는 우리 집으로 하나둘 모여들었다. 동네 어귀에 있는 우리 집은 동네에서 마당이 제일 넓고 또 세 번째 안에 드는 부자이기도 했었다. 아버지는 목포에 있는 토건 회사의 높은 간부였다. 엄마는 머슴 한 사람과 식모 한 사람을 데리고 논농사, 밭농사, 그리고 과수원 농사까지 도맡아 지었다. 우리 집이 아버지를 따라 목포로 떠나지 못한 까닭은 영암이 조상 대대로 살아온 아버지 고향이기 때문이었다.

등교 시간에 맞춰 동네 아이들이 우리 집에 다 모이면 덩치가 제일 큰 6학년 수철 형이 출발 신호를 보냈다. 신호가 떨어지면 아이들은 학교를 향해 새끼줄에 엮인 굴비처럼 줄줄이 수철 형 뒤를 따랐다. 나 역시 예외가 아니었다. 키가 작은 나는 내 키만 한 가죽 가방을 멘 채 종종걸음 쳤고, 다른 아이들과 덩치 큰 형들은 어깨에 책보를 둘러메고 성큼성큼 앞서 나아갔다. 형들은 가끔 멈춰 서서 발걸음이 더딘 나를 재촉했다. 나는 늘 숨을 헐떡거리며 열심히 형들의 뒤를 쫓았다. 형들은 나의 보호자이자, 친구이기도 했다. 꼬부랑 산길을 지나고 저수지를 지나고 심술보 할배 과수원을 지나면, 저 멀리 학교의 빨간 지붕이 보였다. 형들은 더 빨리 걸음을 재촉하고 나는 형들을 쫓아 숨이 목까지 차도록 달음질쳤다.

학교가 파하면 나는 형들이 기다리는 교문 옆 하늘을 가린 채 서 있는 큰 미루나무 아래로 갔다. 형들은 다시 책보를 어깨에 단단히 둘러메고 왔던 길로 아이들을 데리고 발길을 재촉했다. 나는 여전히 숨을 헐떡거리며 형들을 뒤따랐다. 집에 가다 말고 허기진 배를 채우기 위해 산딸기, 오디를 따 먹고 보리밭에 노랗게 막 익기 시작한 보리도 성큼 뽑아 그슬려 먹었다. 아이들 입가에는 너 나 할 것 없이 숯 검댕이 범벅이 됐다. 서로 그 모습을 바라보며 깔깔댔다.

한여름에는 더위를 식히느라 모두 홀랑 벗고 저수지에 뛰어들어 멱을 감았다. 서로 편을 갈라 멀리 헤엄치기, 물장구치기 시합을 했다. 가끔 형들은 얄궂게도 헤엄을 잘 못 치는 나를 번쩍 들어 저수지

속에 내던지며 즐거워했다. 그때마다 나는 물을 잔뜩 마시고 허우적댔다. 이 때문에 멱을 감는 날이면 나는 형들을 피해 혼자 먼저 집으로 도망쳐 와 버렸다.

지금 시절에는 상상할 수 없는 일이지만 형들은 학교를 오가며 여름에는 수박, 참외, 가을에는 포도, 고구마 등을 주저 없이 서리했다. 나는 늘 조마조마한 마음으로 망을 봤다. 가끔 주인에게 들켜 혼비백산 줄행랑을 쳐야 했다. 그런데 걸음이 더딘 나는 주인에게 혼자 붙잡혀 벌을 서며 야단을 맞았다. 심술궂은 과수원 주인에게 이런저런 훈계를 듣고 간신히 풀려난 나는 집을 향해 혼자 터덜터덜 걸었다. 그런데 멀리 숨어서 이 광경을 지켜보고 있던 형들이 어디선가 나타나면, 반가움에 내 눈에는 눈물이 그렁그렁 맺혔다.

그리고 마지막 꼬부랑 산길을 지나면 저 멀리 우리 집 지붕이 보였다. 대문 밖에는 늘 엄마가 미리 나와 나를 기다렸다. 나는 이번에는 형들을 앞질러 한달음에 달려가 엄마 치마폭에 안겼다. 엄마 냄새는 언제나 향기롭고 좋았다. 나는 한참 동안 엄마 치마폭에 파묻혀 엄마 냄새를 맡으며 그대로 있었다.

하릴없이 60년이란 세월이 흘렀다. 나는 머리 위에 백설이 한가득 쌓인 70대 노인이 되었다. 그리고 이제 더는 오지에서 살지도 않는다. 내가 초등학교 1학년을 마치자마자 교육을 위해 시골 재산을 모두 정리하고 아버지 회사가 있는 목포로 이사를 했기 때문이다. 특히 초등학교 1학년인 나에게 시골 왕복 이십 리 등굣길은 힘들고 버거운 일이기도 했었다.

어느 해, 나는 십수 년 만에 오지의 옛 시골집을 다시 찾았다. 소달구지 지나던 황톳길은 곧게 뻗은 아스팔트 신작로로 변해 있었다. 새마을 운동 덕분에 초가지붕은 모두 사라지고 빨강, 파랑의 슬레이트 지붕으로 바뀌었다. 심술보 할배 과수원은 현대식 아파트가 차지하고 있었다. 고려의 삼은 중 한 사람인 길재의 "산천은 의구한데 인걸은 간데없네."라는 시조 구절은 완전히 틀렸다. 산천은 깎이고 파헤쳐져 어디가 어딘지 전혀 분간할 수 없을 만큼 변해도 너무 많이 변해 버렸다. 오직 변하지 않는 것은 학교의 빨간 지붕뿐이었다.

그런데 등굣길에 나를 채근하던 덩치 큰 형들과 친구들은 지금 다 어디로 갔는지, 나는 형들과 친구들이 몹시 보고 싶었다. 되돌아갈 수 없는 그리운 등굣길, 무상(無常)한 세월 속에 진한 추억만 남았다. 그런데 "만나면 헤어진다."라는 '회자정리(會者定離)'로 끝날 수밖에 없는 것이 우리네 인생인 것 같아, 발길을 돌려야 하는 내 마음은 천근만근 무거웠다.

함박눈 내리던 날

친절은 눈과 같다. 그것은 모든 것을 덮어 아름답게 한다.

— 칼릴 지브란

2020년 겨울, 서울에 첫눈이 오던 날, 조금 내리다 갠다던 눈이 기상청 예보와 달리 대설로 변하고 말았다. 이날 홍천에도 첫눈은 아니지만, 뒤늦게 대설주의보가 발령되고 잘 튀긴 팝콘처럼 새하얀 함박눈이 그야말로 하늘에서 폭포수처럼 쏟아져 내렸다. 예전 같았으면 이 함박눈이 반가웠으련만, 걱정이 앞섰다. 그 까닭은 홍천에 전원주택을 지어 이사 오면서 마을 분들에게서 들은 이야기 때문이었다. 홍천에는 겨울에 눈이 많이 와, 눈이 오는 날은 집집마다 나와 동네 진입로 눈을 치워야 한다고 했다. 자기 집 앞의 눈만 치우면 되는 줄 알았는데 1km 남짓 되는 마을 진입로 눈도 함께 치워야 한다는 것이었다.

아침이 밝자, 밤새 줄기차게 펑펑 쏟아지던 눈이 개었다. 산과 들의 허접스러운 것들을 모두 감춰 버린 채 세상은 온통 순백색으로 변해 있었다. 그런데 집 건너편 산골짜기를 타고 산등성이 위로 눈이 밤새 토해 낸 하얀 물안개가 피어올라 한 폭의 산수화 그 자체였다. 밖에서는 벌써 마을 사람들이 모여 눈 치우는 웅성거리는 소리가 들렸다. 모른 척 버틸 수 있는 상황이 아니어서 옷을 주섬주섬 챙겨 입고 밖으로 나갔다.

아침 인사를 대충 나누고 눈삽과 넉가래를 받아 눈을 치우기 시작했다. 언제 이처럼 많은 눈을 치워 보았는지 기억이 없었다. 아마도 지금까지 없었을 것이다. 도시 아파트에서는 눈 치울 일이 거의 없었으니. 어찌나 눈이 많이 쌓였던지 10분도 채 안 돼 등줄기에서는 땀이 줄줄 흘러내렸다. 집 앞과 진입로까지 치우는 데 족히 한 시간이 넘게 걸렸다. 그러나 이사 와 모처럼 마을 사람들과 도란도란 이야기도 나누고 친목을 다질 수 있어 꼭 힘든 시간만은 아니었다.

밖의 눈을 다 치우고 집에 오니 며칠 전 조경하면서 마당에 심은 잔디 위에 눈이 그대로 탐스럽게 쌓여 있었다. 그런데 그 눈을 한참 바라보던 아내가 갑자기 눈을 뭉쳐 눈사람을 만들기 시작했다. 그런 아내를 보고 있노라니 나 역시 어린 시절 추억이 발동해 눈사람을 함께 만들기로 했다. 먼저 몸통을 만들고 머리를 만들어 얹었다. 그리고 눈은 조약돌로, 코는 나무 막대기로, 입은 붉은 낙엽을 겹쳐 붙였다. 팔은 소나무로, 머리카락은 소나무 잎으로 덮었다. 여기에 집 공사하고 남은 쇠토막으로 멋지게 단추까지 달았다. 조금 우스꽝스러웠지만, 순식간에 멋진 눈사람이 탄생했다. 아내는 아이처럼 만족

스러운 눈으로 눈사람을 바라보며 손뼉을 쳤다.

우리 부부는 눈사람을 가운데 두고 멋진 인증 사진을 찍었다. 그리고 몇몇 친구에게 인증 사진을 자랑삼아 보냈더니 "멋지고 부럽다."라는 즉답이 왔다. 한 친구만이 "약 올리냐?"라며 애교 섞인 핀잔의 답을 보내왔다.

함박눈이 내리던 날, 우리 부부는 전원생활을 시작하면서 또 하나의 추억을 만든 셈이었다. 그리고 졸지에 식구도 한 명 더 늘었다. 눈사람, 새 식구……. 녹지 말고 오래오래 남아 함께하면 좋으련만…….

내일 죽는 날이라면, 오늘 나는 슬플까

죽음은 늙어서 갚아야 할 오랜 빚과도 같다.

— 알베르트 아인슈타인

아침에 번쩍 눈이 떠졌다. 눈 부신 햇살이 창문을 두드리며 나의 곤한 잠을 깨웠다. 지금 나는 살아 있다. 여전히 숨 쉬고 있다. 정신, 몸뚱어리, 사지 역시 다 멀쩡하다. 문득 '만약 내일 죽는 날이라면, 오늘 나는 슬플까?' 하는 생각이 창문 틈새로 몰려든 새벽 찬 바람처럼 머릿속을 헤집으며 지나갔다.

돌이켜 보면 지난 세월 비단길만을 밟고 살아온, 순탄한 삶은 결코 아니었다. 대학에 연거푸 낙방하고 실망과 패배감에, 아니 절망감에 어느 해 찬 바람이 휘몰아치던 겨울밤 한강을 찾았었다. 그리고 용감하게 뛰어내려 한 많은 생을 마감해 버리려 했었다. 그러나 한강 인도교에 서서 하염없이 흐르는 강물만 내려다보다가 끝내 뛰어내리지 못했었다. 한밤중 악마의 울부짖음처럼 기괴한 소리와 함께 시커멓게 흐르는 한강 물이 죽음보다 더 무서웠기 때문이었다.

그리고 온갖 세상 풍파를 온몸으로 견디며 70여 년 세월을 살았다.

자의가 아닌 순전히 타의에 의해서 태어난 삶. 내 선택과는 상관없이 세상이란 험난한 무대에 던져진 삶. 누가 대신해 줄 수도 없는 삶. 사는 동안 오롯이 혼자서 감당해야만 했던 삶. 태어나 누구나 쓰는 소설 서너 권쯤의 지난(至難)한 여정이었다. 앞으로 얼마의 시간이 더 남았는지 모르겠으나 삶은 그렇더라도 죽음마저도 마음대로 선택할 수 없는 현실이 그래서 더 슬프고 아프게 느껴지는 것은 아닐까.

돌이켜 보면 고희(古稀)가 되도록 앞만 보고 달려왔다. 무엇 때문에, 무엇을 위해 바보처럼 그렇게 맹렬하게 앞만 보고 달려왔는지 후회막급이다. 기왕 태어난 삶, 한 번쯤은, 아니 가끔은 뒤도 돌아보며 천천히 여유롭게 살고자 노력했어야 옳았다. 잠시 잠깐만이라도 자신을 위해 살았어야 했다. 그러나 양어깨에 짊어진 감당키 어려운 의무와 책임감에 얽매인 채 돈 벌어 오는 기계 역할에 그저 충실했다. 그것이 나 자신의 운명이며, 피할 수 없는 숙명이라고 한잔 술에 취해 혼자 희희낙락하면서…….

지금 여름 끝자락의 가을은 어느 틈엔가 그들만의 다양한, 신비한 색깔로 변신 중이다. 특히 초목들은 앞다투어 봄부터 여름 내내 써 온 페르소나를 벗어 던지고 오방색 물감을 산과 들에, 아니 마음에까지 마구마구 쏟아 내고 있다. 그러나 내 삶은 여전히 덕지덕지 헌 누더기를 기워 놓은 것처럼 상처투성이 그대로 잿빛이다. 도망가고 싫어도 도망조차 갈 수 없는, 현실이란 올가미에 묶인 가엾은 한 마리 사슴처럼…….

인생은 어차피 빈손으로 왔다, 빈손으로 가는 "공수래공수거(空手來 空手去)"라고 했다. 그런데도 한 번뿐인 일회용 인생을 수백 년, 수천 년 살 것처럼 하루하루 바둥거리며 사는 인간 군상들의 몰골이 그저 가엾고 측은하다. 자기 자신을 송두리째 잃어버리고 요양원 침대 하나 차지한 채 죽을 날만을 기다리며 숨만 쉬고 있는 치매 환자들, 의식 없이 중환자실에 누워 산소 호흡기에 의지한 채 연명하고 있는 중환자들, 그들은 지금 살아 있는 것일까? 그리고 이 순간 과연 그들은 행복할까?

그런데 아직은 멀쩡한 나 역시 이들과 크게 다를 바 없다. 65세에 대학에서 정년퇴직하고 그토록 갈망했던 자유인이 되었다. 그리고 자유인으로서 100세 시대를 만끽하며 지금 제2의 인생을 살고 있다. 그런데 100세 시대가 축복인지, 재앙인지는 나 자신도 잘 모르겠다. 의사나 약사 면허를 가진 친구들은 여전히 현장에서 자의 반 타의 반으로 일하고 있지만, 공학 박사 학위뿐인 나는 나이 70이 넘으니 무용지물(?)로 갈 곳도 없고, 딱히 오란 곳도 없으니 말이다. 대학 졸업하고 석사과정을 거쳐 5년여 동안 피땀 흘려가며 힘들고 어렵게 취득한 박사 학위는 교수 임용 당시 딱 한 번 써먹었을 뿐, 빛바랜 기념품처럼 책상 서랍 속에서 나뒹굴고 있다.

그뿐만이 아니다. 지난 3년 반 동안의 코로나19 팬데믹을 겪으면서 봉사 활동, 재능기부 계획도 물거품이 되고 말았다. 그리고 어느 날 보니 나 자신도 모르는 사이에 잉여 인간, 퇴물 인간이 된 채 하루 세끼 밥을 축내는 '삼식(三食)이'로 전락해 있었다. 착한 아내가 불평불만 없이 세끼 밥을 꼬박꼬박 챙겨 줘 그저 감사할 따름이다.

처음부터 세상은 불평등하고, 삶은 태어나 죽는 날까지 힘들고 고달프다는 것을 너무나 잘 알고 있었다. 그래서 나보다 못한 인간들에게 기만당하고 배신당하면서도 그들을 용서하고자 끊임없이 노력했었다. 그러나 그 노력은 늘 나를 조롱하며 비껴갔었다. 아니, 하다 하다 지쳐 어쩌면 스스로 포기했을지도 모를 일이었다.

그리고 위대한 정치가도, 철학자도 못 되면서 이 세상의 온갖 고뇌와 번뇌를 혼자 짊어지고 가야 할 것 같은 착각 속에서 불의를 증오하며 정의로운 삶을 살고자 부단히 자신을 채찍질해 왔었다. 그러나 세상은 악화가 양화를 구축(驅逐)하듯 정의를 가장한 불의가 정의를 구축한 채, 힘이 뒷받침되지 않는 정의는 하찮은 불평불만쯤으로 치부되기 일쑤였다. 이런 까닭에 지금, 이 순간 나는 더 쓸쓸하고, 더 고독하고, 더 슬픈지 모르겠다.

누군가 우리 인생을 크게 태어나서 25세까지, 26세에서 50세까지, 51세에서 세상을 떠날 때까지 3단계로 분류했다. 나는 불행하게도 1, 2단계를 이미 훌쩍 지나 마지막 3단계의 중간쯤에 와 있는 셈이다. 지금 계절은 여름 끝자락이지만, 내 인생은 가을도 아닌, 이미 겨울의 초입에 들어서 온몸으로 한기를 느끼고 있다.

지금은 비록 삼식이 신세로 하루하루 살고 있지만, 마지막 행복을 위해 남은 시간은 온전히 나의 삶을 살고 싶다. 그리고 죽는 날까지 무대의 주인공 역시 나 자신이 되고 싶다. 이를 위해 앞으로 내게 주어진 고난까지도 사랑해야 하고, 나의 삶의 무게에 성스럽게 입맞춤해야 한다. 그래야만 만약 내일 죽는 날이라 할지라도 오늘 나는 절대로 슬프지 않을 것이다. 절대로…….

장날 풍경

어리석은 자는 멀리서 행복을 찾고,
현명한 자는 자신의 발치에서 행복을 키워 간다.

— 제임스 오펜하임

경기도 하남시에 살 때의 일이다. 하남시 덕풍동에는 덕풍 시장이 있다. 덕풍 시장은 매월 4일과 9일로 끝나는 날마다 작은 장이 섰다. 장이라지만 약 1km 남짓의 작은 골목 양옆에 상점과 좌판이 전부다. 그래도 장이 서는 날이면 장날답게 인파들로 제법 북적거렸다. 엿장수 품바도 가끔 등장해 장날의 흥을 돋우고, 불편한 몸으로 기어다니며 구걸하는 걸인도 볼 수 있었다. 이런 까닭에 장이 서는 날은 사람 사는 냄새를 물씬 느낄 수 있어, 만사 제쳐 두고 장을 보러 갔다. 물건 파는 아주머니·아저씨들의 호객하는 카랑카랑한 목소리도 정겹고, 비록 푼돈이지만 물건값 깎는 재미도 대형 상점에서는 맛볼 수 없는 또 다른 즐거움이었다.

장날에만 특별히 할인해 파는 2,500원짜리 수제 손자장면도 맛있고, 도넛, 어묵 등도 빼놓을 수 없는 장날 먹을거리들이었다. 또 즉석에서 전을 부쳐 주는 전집에서 모둠전과 함께 마시는 한 잔의 막걸리는 그야말로 감로주였다. 가끔은 전혀 본 적도, 만난 적도 없는 옆자리 손님들과 마치 십년지기나 된 것처럼 정답게 막걸리 잔을 돌리며 이런저런 세상 사는 정담을 나누기도 하는, 장날에서만 맛볼 수 있는 정겨운 풍경들이었다. 장날에 전집에서 막걸리를 마시다 우연히 만난 노부부와 지금도 '형님', '아우' 하며 연락을 주고받고 있으니 인연의 오묘함이 아닌지 모르겠다.

문득 초등학교 1학년쯤으로 기억된다. 어머니 손에 이끌려 따라간 장날 풍경이 새록새록 떠오른다. 당시 오지에 살았던 터라 장이 서는 날이면 왕복 20여 리를 걸어서 오가야 했다. 어린 나이에 매우 힘들었지만, 자의 반 타의 반으로 어머니를 따라나섰다. 시골 장은 문자 그대로 없는 것 빼고 다 있었다. 각종 먹을거리는 물론 강아지, 토끼, 닭, 염소, 그리고 뱀도 팔았다.

그뿐만이 아니었다. 공터에서는 "아이들은 저리 가라." 하고 외쳐대며 약을 파는 약장수 아저씨의 구성진 재담(才談)과 함께 차력사들의 무시무시한 차력 공연도 장날만 볼 수 있는 특별하고 신기한 볼거리였다. 이처럼 볼거리, 먹을거리로 가득 넘쳐 나는 장날 풍경은 늘 어린 내 눈을 황홀하게 만들었고 마음마저 풍성하게 하였다.

지금도 생생히 기억이 나는 것은 뻥튀기 기계다. 주인아저씨가 "뻥이요!" 외치며 기계 손잡이를 잡아당겨 터뜨리면 대포 쏘는 큰 소리와 함께 눈송이 같은 하얀 튀밥이 망 한가득 담겨 나왔다. 그 고소하고 달콤한 냄새가 지금도 느껴진다.

어머니가 사 주신 호떡은 왜 그리도 달고 맛있던지, 이런저런 이유로 늘 장날을 기다렸었다. 요즘도 가끔 장에 간다. 여행 중에는 그 지방의 전통 시장에 들르거나 일부러 오일장 날을 맞춰 가기도 한다. 그런데 세월 탓인지, 세태의 변화 탓인지는 알 수 없으나 웬일인지 요즘에는 과거 장날에서 느꼈던 낭만도, 멋도 없다. 양옆으로 잘 정돈된 현대화된 좌판이 낯설고, 지붕 씌운 천편일률적인 시장 구조가 답답하기만 하다.

"한국적인 것이 가장 아름답다."라고 말들은 하면서, 우리는 왜 현대화란 핑계로, 조금 불편하다는 이유로 오래 보존해도 될 옛것들을 쉽게 버리고 파괴하는지 모르겠다. 조금 불편하고 볼품이 없다 해도 그 나름대로 사연이 있고 의미가 있는 것인데…….

봄비 내리는 날이면

당신은 무언가를 잃거나, 누군가를 잃을지도 모른다.
그러나 그것들을 추억에 영원히 저장할 수는 있을 것이다.

— 미상

갓 시집온 새색시의 치맛자락 스치는 소리처럼 창 너머로 봄비가 조용히 내리고 있다. 그 때문인지 마음도 차분해지고 기분도 한결 가볍게 느껴진다. 그런데 비에는 안개비, 실비, 가랑비, 장대비, 장맛비, 폭우 등 그 종류도 참으로 다양하고 많다. 여기에 계절 이름을 붙이면 봄비, 여름비, 가을비, 겨울비가 된다. 이들은 '비'로서 독특한 제 나름대로 매력을 지니고 있다. 그래서 사람들은 내리는 비를 바라보며 저마다 아련한 추억들을 반추하는지도 모르겠다.

나는 이들 비 중에서 봄비를 특히 좋아한다. 봄비는 덕지덕지 달라붙은 해묵은 겨울의 때꼽재기를 말끔히 씻어 내고 아울러 긴긴 기다림에 지친 무료함과 지루함을 한꺼번에 잊게 해 주는 까닭이다. 또 겨우내 엄동설한을 참고 견딘 삼라만상의 모든 생명체에게 삶의 생기와 희망을 가득 채워 주기 때문이다.

오늘처럼 봄비가 소리 없이 조용히 내리는 날이면 문득 대학 시절, 단골 카페의 주인이었던 누님이 생각난다. 누님은 나보다 다섯 살 연상이었고 불행하게도 젊은 나이에 홀로된 미망인이기도 했었다. 누님은 갸름한 얼굴에 조금은 슬퍼 보이는 사슴처럼 커다란 눈망울을 가지고 있었다. 그리고 삼단처럼 검고 긴 머리칼을 뒤로 곱게 묶어 늘 단아한 모습의 전형적인 한국형 미인상이었다. 때문에 뭇 사내들의 시기와 질투가 남편을 일찍 여의게 했는지도 모를 일이었다. 누님을 한 사람의 여인이 아니라 만인의 여인으로 살도록 하기 위해서.

누님도 봄비를 무척 좋아했다. 오늘처럼 봄비가 내리는 날이면 누님은 창가에 앉아 뜨거운 커피 한 잔을 앞에 놓고 하염없이 내리는 봄비를 바라보곤 하였다. 그러면 마음이 한결 편해진다고 했다. 나 역시 봄비를 좋아하는 까닭에 봄비가 내리는 날이면 어김없이 그 카페로 달려갔었다. 그리고 창가에 홀로 앉아 고독하다 못해 청초한 누님의 모습을 몰래 훔쳐보다 자신도 모르게 화들짝 놀라기도 했다. 아마도 피 끓는 철부지 청년의 짝사랑이었을 것이다.

누님은 대학 시절 남편을 처음 만났는데 그날도 봄비가 내리고 있었다고 했다. 그리고 남편이 출장을 다녀오다 불의의 교통사고로 사망하던 날도 봄비가 내렸다고 했다. 나는 지금도 봄비가 내리는 날이면 누님의 소설 같은 사랑 이야기를 떠올리곤 한다. 기억을 더듬어 보니 카페 이름도 봄비를 의미하는 '춘우(春雨)'였다. 대학을 졸업한 후 그 누님을 다시는 만나지 못했다. 그러나 봄비가 내리는 날이면 문득문득 그 누님의 안부가 궁금해진다.

사람은 만나면 헤어지고 또 만난다고 하지만 무심한 세월 속에 우리의 의지와 상관없이 또 그렇게 내리는 봄비 속에 함께 휩쓸려 가 버리는 것 같다. 이제 필자의 나이도 젊음이 폭포수처럼 용솟음치던 청년에서 백발이 성성한 고희(古稀)가 넘었으니 한마디로 인생무상이다.

그러나 지난날의 삶에 다소의 아쉬움은 있으나 결코 후회는 없다. 지난 세월 동안 분수에 넘치는 권력이나 재물을 탐하지도 않았고 그저 순리대로 열심히 최선을 다해 살아온 까닭이다. 앞으로 남은 시간도 그렇게 살고 싶다. 불교에서는 인생 한평생을 "스치는 한순간처럼 짧다."라는 찰나(刹那)라고 했지만, 그래도 인생은 생각보다 길기 때문이다.

여전히 봄비가 내리고 있다.
저 빗속으로 한없이 걸어가고 싶다.
지난날 추억을 하나둘 반추하며…….

아니 어쩌면 이제는 지난날의 기억들을 아예 싹 지워 버리는 편이 더 나을지도 모르겠다. 아름다웠던 과거든, 아팠던 과거든 과거는 이미 지나가 버려 다시 되돌릴 수 없기 때문이다. 그리고 아직 살아 있는 사람에게는 누구에게나 새로운 그림을 그릴 수 있는 또 다른 미지의 세계가 늘 기다리고 있는 까닭이다.

재수 없이 오래 살면 어떡하지

쾌락도, 지혜도, 학문도, 미덕도 건강이 없으면
그 빛을 잃어 사라지게 될 것이다.

— 몽테뉴

인간은 태어나면서부터 남녀노소를 불문하고 무병장수(無病長壽)하기를 갈망한다. 그런데 무병장수의 전제 조건은 바로 '건강(健康)'이다. 따라서 한평생 건강하게 잘 살다가 어느 날 고통 없이 자연사(自然死)할 수만 있다면 더 없는 축복이리라. 그러나 회복 불능의 중병이나 치매에 걸려 병상에서 기약 없는 기간 동안 투병하다 고통 속에 떠나야 한다면, 생각만 해도 끔찍하다.

요즘 어디에서나 들을 수 있는 100세 시대가 축복인지 재앙인지는 잘 모르겠다. 그런데도 지금 우리는 100세 시대에 살고 있다. 이 같은 결과는 의학의 눈부신 발달, 경제적 풍요에 따른 넘쳐 나는 먹을거리, 개선된 생활 환경 등에 기인한다. 그런데 의학적으로는 인간 수명을 150세까지 늘릴 수 있다는 연구 결과도 있다. 그러나 생명을 부질없이 연장해 가면서 오래 사는 것이 과연 행복하고 바람직한지는 찬찬히 따져 볼 일이다.

"태어나는 데는 순서가 있어도 죽는 데는 순서가 없다."라고들 하지만 고등학교를 함께 졸업한 동기 420여 명 중 벌써 70여 명이 70 고개도 못 넘긴 채, 유명을 달리하고 말았다. 친구들의 부고를 접할 때마다 느끼는 허전함과 낭패감을 어찌 다 말로 표현할 수 있을까. 평균 수명이 짧았던 50~60년대라면 그런대로 천수(天壽)를 누린 나이라고 자위하며 크게 애석해하거나 슬퍼하지 않아도 될지 모르겠다. 그러나 100세 시대인 오늘날에는 상황이 다르다. 그리고 머잖아 내 차례도 끝내 오고야 말겠지만 아직은 무탈하게 잘 먹고 잘 살고 있는 나 자신이 먼저 떠난 친구들에게 오히려 미안할 뿐이다.

지금, 이 순간 노인 요양원이나 요양병원, 그리고 병원 중환자실에서 산소 호흡기에 의지한 채 무의미하게 생명을 연장하고 있는 노인, 중환자가 몇 명이나 되는지 알 수 없다. 그리고 기억을 잃어버린 채 세끼 밥만 축내며 숨만 쉬고 있는 치매 환자는 또 얼마나 될는지, 그러나 현대판 유배지(流配地)나 다름없는 곳에서 간신히 숨만 쉬고 있는데 이를 두고 온전하고 행복한 삶이라고 말할 수 있을까. 중병이나 불치병에 걸린 환자를 인공호흡기로 무의미하게 생명을 연장하거나, 중증 치매로 인해 자신은 물론 자식조차도 알아보지 못하는 치매 환자의 생명을 계속 붙들고 있다고 해서 인간 생명의 존엄성을 지키는 일은 결코 아닌 까닭이다.

운명적으로 태어나는 것은 나 자신의 의지와는 전혀 상관없는 타의에 의한 것이다. 마르틴 하이데거를 비롯한 독일의 실존주의 철학자들은 인간의 운명적 현상을 '피투성(被投性)'이란 말로 설명하였다. 즉 '인간은 태어나기 이전에 자유의지를 가지고 자기 운명을 선택할 수 있는 필연적 존재가 아니라 다만 시대 상황 속으로 어느 날 누군가의 손길에 의해 우연히 던져질 뿐'이란 것이다. 이런 까닭에 죽음만은 스스로 선택하고 결정할 수 있어야 하지 않을까 싶다.

죽음에 대한 자의적 선택은 바로 '자살'과 '안락사', 두 가지 중 하나다. 자살은 천수를 무시한 채, 이런저런 이유로 스스로 목숨을 끊는 것을 말한다. 우리나라가 OECD 국가 중 자살률 1위란 오명을 쓴 지도 벌써 10년이 넘었다. 한국은 OECD 평균보다 거의 세 배인 하루 40여 명(40분마다 1명)이 자살로 세상을 등지고 있다. 1년에 약 1만 5천여 명이 자살하는 꼴이다. 가장 심각한 문제는 젊은 세대의 자살률이 높다는 사실이다. 10~30대 사망 원인 1위가 자살로 특히 20대 경우 전체 사망의 절반 이상(51.0%)을 차지하고 있다. 과거 한때 우리나라는 교통사고 공화국이었으나 이제는 불행하게도 '자살 공화국'이 된 것이다.

나이에 상관없이 자살률이 이처럼 높은 까닭은 보릿고개를 이기고 운 좋게 선진국 대열에 합류했다지만, 부의 불평등, 빈곤, 실직, 그리고 실업 등이 여전해 구조적으로 살기 힘든 사회 환경 탓이다. 물론 자살하는 자의 속내를 산 자들이 다 헤아릴 수는 없다. 그렇다고 '살기 싫어 죽는 것은 자살자 개인의 일'이라고 강 건너 불구경하듯 말없이 죽은 자에게 모든 책임을 떠넘길 수도 없다. 그들을 알게 모르게 죽음으로 내몬 것은 바로 모순된 사회 환경과 또 다른 산 자들, 우리 자신이기 때문이다. 따라서 자살은 산 자들이 살펴야 할 몫이자, 반드시 해결해야 할 과제이기도 하다.

안락사는 매우 폭넓은 개념이다. 존엄사와 달리 소극적인 치료 중단 행위가 아니라, 당사자의 희망에 따라, 보다 능동적이고 적극적으로 약물 등을 이용해 고통 없이 죽음에 이르게 하는 행위를 일컫는다. 심한 고통에 시달리는 불치 또는 말기 환자의 고통을 덜어 주기 위해 인위적인 방법으로 죽음에 이르도록 하는 것이다.

이에 반해 존엄사는 인간으로서 최소한의 품위를 지키며 죽을 수 있게 하는 행위 일체를 말한다. 즉 산소 호흡기 등에 의존해 생명을 연장하는 회복 불가능 판정 환자에게 무의한 연명치료를 중단시켜 죽음에 이르게 하는 것이다. 우리나라는 존엄사를 일부 인정하는 법률이 만들어져 2018년부터 시행되고 있다.

안락사는 행위자에게 살인한다는 죄책감을 심어 줄 수 있어 현재 유럽의 스위스, 네덜란드, 벨기에 등과 미국의 일부 주에서 극히 제한적으로 허용되고 있다. 미국 오리건주에서는 존엄사의 요건으로 잔여 수명 6개월 미만 말기 환자가 약물 처방을 주치의에게 직접 요구하고, 주치의와 전문의는 환자의 남은 수명이 6개월 미만의 말기 환자로 판명될 경우, 그리고 환자 스스로 존엄사 하겠다는 의사표시가 분명할 때 약물을 처방하도록 규정하고 있다.

일본은 판례를 통해 적극적 안락사의 기준으로 '환자의 참을 수 없는 고통, 죽음 시기의 임박성, 본인의 의사표시, 고통 제거의 수단이 없음' 등의 4가지 조건을 제시하고 있다. 그리고 연명치료를 거부하는 방법으로 자연사를 선택하는 존엄사를 점점 폭넓게 인정해 가는 추세다.

이들 나라와 달리 우리나라는 도덕적 관점에서 안락사는 아직은 시기상조라는 의견이 지배적이며, 살인 등에 악용될 수 있다는 우려의 목소리 또한 높다. 그러나 치료 불능 환자나 중증 치매 환자 본인과 가족, 그리고 사회적 비용 등을 고려한다면 마냥 손 놓고 안 된다고 무작정 반대만 할 일은 아닌 듯싶다. 물론 생명은 소중하고 고귀하다. 따라서 그 누구도 인위적으로 해(害)할 수 없다. 또 살아야 할 사람과 죽어야 할 사람을 선별하는 것 자체 또한, 언어도단이다.

그러나 환자 본인과 가족들이 수긍하고 의사와 변호사 같은 제삼자의 전문가가 인정했을 때 허용한다면 되지 않을까. 우리나라에서는 안락사가 불법인 까닭에 국민 약 200여 명이 안락사가 허용되고 있는 스위스의 자살 조력 단체에 이미 안락사를 신청해 놓은 상태다.

이제부터라도 안락사 문제에 대해 진지한 사회적 논의와 합의가 이루어졌음 바라는 마음이다. 회복 불능의 불치병 환자나 중증 치매 환자들에게 병원이나 요양원 같은 곳에서 '현대판 유배 생활'을 강요하는 것 자체가, 고통 없이 죽을 권리마저 빼앗는, 또 다른 심각한 인권 침해인 까닭이다.

죽고 사는 것은 하늘의 뜻이라지만, 나이 70에 들어서면서 '재수 없이 오래 살면 어떡하지!' 하는 못된(?) 생각이 자꾸 고개를 쳐드는 것은 무슨 조화 속인지 모르겠다. 그저 건강하게 살다 어느 날 소리 소문 없이 조용히 떠나고 싶다.

정승 집 개가 죽으면

가는 자는 쫓지 말며, 오는 자는 막지 말라.

— 맹자

“정승 집 개가 죽으면 정승 집 문지방이 닳아 없어지도록 문상객들이 문전성시를 이루지만, 막상 정승 본인이 죽으면 개미 한 마리 얼씬하지 않는다.”라는 말이 있다. 또 “정승 집 말이 죽었다면, 먹던 밥을 밀쳐놓고 뛰어가지만, 막상 정승이 죽었다면 먹던 밥 다 먹고 간다.”라는 말도 있다. 이 모두 정승이 살아 있을 때 개나 말이 죽으면 정승의 환심을 사기 위하여 재빨리 조문하고, 정승이 죽은 후에는 그에게 더는 잘 보일 필요가 없는 까닭에 조문할 이유가 없다는 뜻이다. 이 모두 권력이 있을 때는 갖은 아첨을 다 하지만 권력이 없어지면 뒤도 돌아보지 않는다는, 야박하고 삭막한 세상인심을 풍자한 말들이다.

나 역시 정년퇴직하고 아들 혼례를 치르면서 이 같은 사실을 절감했다. 몇 년 전 딸을 시집보낼 때는 현직에 있었던 까닭에 결혼식

장이 하객들로 성황을 이루었다. 그런데 아들 결혼식의 경우는 코로나 19란 예기치 않은 변수와 함께 설상가상 8월 늦장마까지 겹치고 말았다. 이런저런 이유로 결혼식장에 왔다가 혹여 코로나19에 집단 감염되면 어쩌나 하는 우려 때문에 하객 초청마저 망설여졌다. 그러나 신랑 신부의 나이가 찰 대로 차 결혼식을 마냥 늦출 수도 없는 상황이어서 작은 결혼식을 치르기로 하였다. 이에 따라 결혼식 초청 대상자는 정말 가깝다고 생각되는 친인척과 지인들로 한정키로 하였다.

그런데 결혼일 며칠 전부터 폭우를 동반한 늦장마가 한반도를 덮쳐 결혼식이 예정대로 진행될지 심히 걱정되었다. 그러나 천우신조(天佑神助)로 결혼식 당일은 연일 퍼붓던 장맛비가 언제 그랬냐는 듯 그치고 햇빛마저 쨍쨍 났다. 비록 화려하고 성대한 결혼식은 아니었으나 무사히 아름답게 작은 결혼식을 마칠 수 있었다.

예전에 만난 한 친구는 자신의 딸 결혼식을 치르고 핸드폰에서 결혼식에 오지 않은 지인들의 이름과 전화번호를 미련 없이 지웠다고 했다. 또 어떤 친구는 그동안 사용해 온 전화번호 자체를 아예 새 번호로 바꿔 버렸다고 했다. 그 말을 듣던 당시에는 친구들의 행위가 조금 야박하다는 생각과 함께 무슨 뜻인지 잘 헤아리지 못했었다. 그런데 나 역시 이번에 아들 결혼식을 치른 후 비로소 그 말뜻을 이해할 수 있게 되었다.

그동안 지인 자녀들의 결혼식에 가 늘 느낀 점은 결혼식 자체가 지나치게 형식적이고, 목적이 온통 그동안 뿌려 놓은 축의금 거두는 데 있지 않나 싶어 입맛이 씁쓸할 때가 많았다. 왜냐하면, 예식장에 가면 혼주와 먼저 눈도장을 찍고, 의례적인 축하 인사를 나눈다. 그리고 실제 예식 참석은 거의 생략한 채, 축의금 내고 식사만 하고 오는 경우가 다반사였기 때문이다. 그뿐만 아니라 바삐 돌아가는 세상에 주말이나 주일 예식 또한 하객들에게 또 다른 민폐라고 할 수 있다. 그렇다고 안면몰수하고 결혼식에 안 갈 수도 없는 것이 아직은 감내해야 할 대한민국 결혼식 문화이기도 하다.

그런데 지인들에게 결혼식 청첩장을 보낸 까닭은 축의금도 축의금이지만, 그보다는 그동안 격조(隔阻)해 보지 못한 얼굴들을 이번 기회에 보고 싶어서였다. 결혼식을 핑계 삼아 식사라도 한 끼 같이 나누고 싶어서였다. 그런데 꼭 와 줄 것으로 믿고 기대했던 지인이 끝내 결혼식장에 모습을 드러내지 않았을 때, 물론 피치 못할 사정이 있었을 것이라고 애써 자위하면서도, 괜히 연락했나 싶은 후회와 함께 서운함도 그만큼 컸다.

이제 우리도 서양처럼 가까운 몇 사람이 증인이 되고 가족 단위의 작고 조촐한, 그런 결혼식으로 결혼 문화를 바꿀 때가 되지 않았나 싶다. 평생에 한 번뿐이라는 예식 업자들의 감언이설에 휘둘려 일회성의 화려하고 낭비적인 결혼식보다는, 부부가 행복하게 잘 사는 것이 더 중요하기 때문이다.

그리고 '품앗이'란 의미로 이해되는 축의금 역시 결혼 축하 의미로 낸 것이므로, 그것으로 끝나야 옳지 않을까. 마치 꾸어 준 돈처럼 되돌려 받고자 기(?)를 쓰는 것 또한 아름답다고 할 수는 없다.

결국, 아들 결혼식을 치르고 나 역시 친구들이 했던 것처럼 오지 않는 지인들의 이름과 전화번호를 핸드폰에서 하나하나 지웠다.

북유럽 여행기

진정한 여행이란 새로운 풍경을 보는 것이 아니라
새로운 눈을 가지는 데 있다.

— 마르셀 푸르스트

쳇바퀴 돌 듯 반복되는 일상에서 잠시 탈출해 어디론가 훌쩍 떠날 수 있다는 것은 인간만이 누릴 수 있는 특권이자, 또 다른 행복이 아닌가 싶다. 그래서 사람들은 기회만 되면 너도나도 어디론가 미지의 세계를 향해 떠나고자 안달하는지도 모르겠다.

2017년 여름 방학 중 러시아, 덴마크, 핀란드, 스웨덴, 에스토니아, 그리고 노르웨이 등 북유럽 6개국 패키지여행을 다녀왔다. 패키지여행을 이용하는 까닭은 자유여행이나 배낭여행처럼 숙소, 교통편, 여행지 등을 일일이 신경 쓰지 않아도 되는 장점과 함께 비용도 절약할 수 있기 때문이다. 그러나 패키지여행은 여행지에 도착하면 잠시 인증 사진 몇 장 찍고 다음 관광지로 떠나야 하는, 즉 이미 짜인 일정표대로 움직여야 하는 단점도 있다.

그런데 북유럽 여행은 서유럽이나 동유럽과는 달리 왠지 멀게 느껴져 그동안 여행을 망설여 왔었다. 그러나 다리에 힘이 빠지고 나이가 더 들면 영영 못 갈 것 같아 용기를 냈었다. 북유럽까지 직항 노선이 없어 네덜란드 암스테르담 스히폴 공항을 거쳐 덴마크까지 비행시간만 15시간 이상이 걸렸다. 덴마크를 필두로 12일간의 북유럽 여행을 시작했다.

여행 첫날 마주한 덴마크의 상징처럼 알려진 안데르센 동화의 주인공 '인어 공주' 동상은 크기가 생각보다 너무 작고 볼품 또한 크게 없어 실망스러웠다. 그러나 이를 보기 위해 세계 각국에서 모여든 관광객들은 이에 아랑곳하지 않고 너도나도 인증 사진 찍기에 바빴다. 위대한 작가의 동화 한 편의 위력을 그대로 보여 주었다.

핀란드가 낳은 세계적인 작곡가 잔 시벨리우스를 기념해 만든 핀란드의 시벨리우스 공원은 바닷가에 위치해 시민들의 명상과 쉼터로 널리 사랑받고 있었다. 공원 중앙에는 거대한 스테인리스 파이프 구조물과 시벨리우스의 얼굴을 형상화한 조각이 자리하고 있었다. 그런데 공원을 한참 거닐다 보니 개똥들이 여기저기 대책 없이 나뒹굴어 그야말로 개똥밭이었다. 잔디 거름 대용으로 그대로 둔 것인지, 시민 의식 부재인지는 알 수 없었으나 나를 어리둥절하게 만들었다.

아기자기한 덴마크나 스웨덴은 끝없는 평야 위에 자작나무 숲과 밀밭만 보일 뿐, 산은 거의 볼 수 없었다. 그런데 노르웨이는 분위기가 전혀 달랐다. 또 다른 세계에 온 것처럼 높은 산도 많았고 깊은 계곡도 있었다. 만년설을 보기 위해 맨 먼저 달려간 달스니바 전망대는 유네스코 지정 문화재로서 1,500m 정상에 있었다. 그런데 전망대에 오르는 길이 매우 비좁고 가팔라, 조금만 방심하면 천 길 낭떠러지 아래로 곤두박질칠 것 같아 차창 밖으로 내려다볼 때마다 오금이 저렸다. 그 험준한 길을 폴란드 운전사는 노련한 솜씨로 잘 헤쳐 나갔다. 정상에 도착해 안도의 한숨을 쉬며 나는 운전사를 향해 엄지척하며 "best driver!"라고 했더니 운전사는 밝게 웃으며 자신도 나를 향해 엄지척하며 좋아했다. 달스니바 전망대에서 내려다본 노르웨이에서 가장 아름답다는 게이랑에르 피오르의 풍광은 그야말로 압권이었다. 특히 달스니바 정상은 7월, 한여름임에도 불구하고 만년설이 그대로 쌓여 있어 관광객들은 너 나 할 것 없이 황홀경 속으로 빠져들었다. 어떤 이는 어린애들처럼 눈밭에 나뒹굴기도 하고 일행끼리 눈을 뭉쳐 눈싸움하며 즐거워했다.

인간의 탄생에서 죽음까지의 모든 삶의 모습과 감정 등을 조각품으로 표현하여 전시한 오슬로의 비겔란 조각 공원도 기억에 남는다. 높이 17m의 하나의 화강암에 조각된 121명의 인간이 서로 위로 올라가려는 인간의 본성을 사실적으로 묘사한 '모노리트'는 20년에 걸쳐 완성한 걸작으로서 공원에서 가장 유명한 명물로 손꼽고 있기도 했다. 그리고 오슬로 국립 미술관에서 만난 에드바르 뭉크의 「절규」도 잊을 수 없다. 특히 밤 10시가 넘어도 해가 지지 않는 백야와 3일 동안의 크루즈 숙박 여행은 또 다른 특별한 경험이었다.

러시아의 상트페테르부르크의 피터 대제의 황금색 여름 궁전, 러시아 최고의 박물관인 겨울 궁전도 아직 눈에 선하고 모스크바의 크렘린궁과 붉은 광장도 기억에 남는다. 그리고 이름은 붉은 광장이지만 전혀 붉지 않은 광장 왼쪽에 있는 러시아 최대의 '굼 백화점'은 3층 높이로, 천장은 유리로 돼 있고 외관은 매우 화려하고 아름다웠다. 층이 높지 않은 대신 그 길이가 200m도 넘을 것 같아 특히 인상적이었다.

탈린은 에스토니아의 수도로 발트해의 핀란드만 연안에 있는 항만 도시다. 그런데 탈린 구시가지는 유럽의 분위기를 가득 머금은 고풍스러운 분위기가 매우 아름다운 곳이었다. 이 때문에 시가지 전체가 모두 유네스코 세계문화유산으로 지정되어 보존되고 있었다.

이 같은 멋진 유럽 여행에도 옥에 티가 있었다. 어디를 가나 줄을 서야 하고 대부분 적잖은 사용료를 내야 하는 불편한 화장실 문화다. 우리나라에서는 고속도로 휴게소는 물론 시내 어디를 가나 깨끗하고 깔끔한 공중화장실을 만날 수 있다. 그리고 대부분 무료로 사용할 수 있는데 유럽의 화장실 문화는 실망 그 자체였다. 인간의 생리적 현상까지 이용하여 돈벌이(?)하는 유럽 국가들이 과연 선진국인가 하는 의구심마저 들게 하였다.

버킷리스트에는 '죽기 전에 50개국 이상 여행해 보기' 항목이 들어 있다. 이제 40여 개국이 조금 넘었는데, 코로나19의 등장으로 인해 3년여 동안 여행을 접고 말았다. 그러나 코로나19가 잠잠해지면 또 여행을 떠나려 하니 벌써부터 마음이 설레고 가슴이 두근거린다.

첫사랑의 '옛사람'

첫사랑이 신비한 것은 우리가 그것이 끝날 수 있다는 것을 모르기 때문이다.

— 벤자민 디즈렐리

'첫사랑', 말만 들어도 두근거리는 가슴, 온몸은 언제나 열기로 뜨거워진다. 무심한 세월 속에 이제는 희미한 얼굴로, 추억만 한 줌 재로 남아 마지막 불꽃을 태우고 있다. 타는 그리움으로, 첫사랑의 무게만큼 가끔 눈물이 나기도 한다. 고희(古稀)를 넘긴 나이에 새삼스럽게 첫사랑을 반추하는 일 자체가 노망난 일은 아닌지 모르겠다. 그러나 첫사랑, 첫 키스, 첫 경험 등, '첫' 자로 시작되는 단어들은 나이를 떠나 듣기만 해도 늘 가슴을 설레게 한다.

나에게도 첫사랑은 있었다. 그것도 초등학교 6학년 때 우리 집 맞은편에 살던, 단발머리 여학생을 사랑, 아니 좋아했었다. 그녀는 5학년이었다. 그런데 동네의 위아래, 뒷집에 모두 같은 또래의 여학생들이 살고 있었다. 그러나 웃을 때 보조개가 유난히 예쁜 앞집 여학생이 제일 맘에 들었다. 그녀는 갸름한 얼굴에 쌍까풀이 없는 까만 눈을 가졌고, 나를 쳐다보며 늘 말없이 웃기만 했었다.

너무 오래전 일이라 특별한 기억은 없다. 그러나 철부지였던 당시, 만나면 그냥 좋았고 서로 바라만 보다가 말없이 헤어지곤 했었다. 둘이 만나면 재미가 없어 늘 동네 아이들과 함께 어울렸었다. 당시 아이들과 주로 했던 놀이는 왕 놀이였고, 나는 왕을, 그녀는 늘 왕비를 도맡았었다. 다른 여자아이들은 늘 왕비로 뽑힌 그 여자아이를 시샘했었다. 그리고 중학교 때까지 같은 동네에서 우리는 그럭저럭 풋사랑을 키워 갔었다.

그런데 내가 고등학교를 서울로 유학하면서 우리는 가물에 콩 나듯, 방학 때만 뜨문뜨문 만날 수밖에 없었다. 이 만남이 너무 반가운 나머지 가끔은 어설픈 포옹도 하고 입맞춤도 했었다. 이 만남마저도 내가 대학 입시에서 연거푸 고배를 마시면서 자연스럽게 끊기고 말았다. 거듭된 대학 낙방이 창피해 그녀에게 연락을 더는 할 수 없었기 때문이었다.

그 후 그녀는 여고를 졸업하고 지방 교육 대학에 진학했다는 소식을 어느 날 지인에게서 들었을 뿐이었다. 한때는 같이 교육 대학에 진학해 부부 교사가 되어 섬마을에 가 아이들을 가르치자고 약속한 적도 있었다. 내가 서울로 유학을 하지 않았었다면 아마 그랬을지도 모를 일이었다.

서로 끊겼던 관계가 나의 대학 진학과 함께 잠시 이어지기도 했었다. 그러나 서울과 지방이란 한계로 인해 이별이란 특별한 의식도 없이 우리의 관계는 어느 날 완전히 단절되고 말았다. 그리고 입대, 대학 졸업, 취업, 결혼 등으로 나 역시 사느라 바빠 그녀를 생각할 겨를이 없었다. 솔직히 오랫동안 그녀를 까맣게 잊고 살았었다.

그런데 어느 날 우연히 만난 중학교 동창으로부터 그녀가 초등학교 교사가 돼, 어느 지방에 근무하고 있다는 소식을 듣게 되었다. 불현듯 그녀 생각이 났었다. 결국, 나는 수소문 끝에 어렵게 그녀의 근무지를 알아냈었다. 그녀의 근황이 몹시 궁금하고 또 당장 달려가 만나고 싶었다. 그러나 연락하는 것은 두렵고 조심스러웠다. 그녀의 현재 처한 상황을 잘 모르기 때문이었다. 그래서 그녀의 근무지로 안부와 함께 나의 근황을 간단히 적은 짤막한 편지를 보냈었다.

편지를 보내고 일주일쯤 지나 한 통의 전화가 연구실로 걸려 왔었다. 전화기 속의 "여보세요." 하는 한마디를 듣고, 나는 그녀임을 직감했었다. 나는 숨이 막혀 한동안 아무 말도 할 수 없었다. 30년 만에 다시 듣게 된, 변함없는 수줍은 그녀 목소리였기 때문이었다. 전화로 서로의 짧은 안부를 주고받았다. 그런데 전화는 세월의 무게만큼 이어지다 끊기고 다시 이어지기를 반복했었다. 그러나 전화로 그동안 쌓인 이야기들을 다 할 수 없어 주말에 그녀가 근무하는 곳으로 내가 가기로 약속하고 수화기를 놓았었다. 그리고 나는 한참 동안 멍하니 그대로 의자에 주저앉아 있었다.

주말, 헤어진 지 30년 만에 그녀가 사는 동네의 카페에서 그녀와 나는 다시 마주 앉았다. 참으로 감격스러운 순간이었다. 그녀를 보자마자 나도 모르게 숨이 막혔다. 그녀는 학생 때도 늘 단정했었지만, 검정 투피스 차림의 여전히 단정한 모습이었다. 달라진 것이 있었다면 풋풋했던 아가씨에서 초로의 우아한 여인으로 변한 것이었다. 이야기 도중 그녀는 가볍게 웃으며 가끔 삶이 힘들 때 내 생각을 했었다고 토로했다.

그녀는 1남 1녀를 둔, 그러나 10년 전 남편을 암으로 잃은 미망인이 돼 있었다. 착한 그녀에게 왜 그런 불행한 일이 생겼는지, 가슴이 아팠었다. 우리는 옛 추억을 서로 반추하며 한동안 재회의 불씨를 계속 살려 나갔었다. 이번에는 첫사랑의 상대가 아닌 '옛 친구'로서…….

그러던 어느 날 그녀는 날 더러 '옛사람'이므로, 인제 그만 만나자고 이별을 통보해 왔었다. 뜬금없는 그녀의 이별 통보에 순간 당황했었다. 그런데 이별 통보보다는 '옛사람'이란 말이 더 섭섭했었다. 그러나 결코 틀린 말은 아니었다. 그녀의 말처럼 우리는 30년 전 과거가 아닌, 현재를 살며 서로 각자의 길을 걸어온 까닭이었다. 결국, 30년 만의 재회는 만날 기약 없이 또다시 이별이란 슬픈 단어로 마침표를 찍고 말았었다.

시라이시 고우치가 그랬다. "첫사랑이 현실적으로 열매를 맺지 못했다 해도 그 아름다운 꽃은 추억 속에서 영원히 아름답게 필 것이다."라고……. 내 첫사랑도 이제는 아름다운 한 송이 꽃으로 온전히 마음에 묻어 두기로 하고 하늘을 쳐다봤다. 청명하게 맑은 하늘이 갑자기 뿌예졌다.

연못 만들기

인생에서 가장 큰 비극은 높은 목표를 세우고 실패하는 것이 아니라,
너무 낮은 목표를 세우고 안도하는 것이다.

— 프린스 이

대학 정년퇴직과 함께 강원도 홍천에 작고 아담한 전원주택을 지어 살기 시작한 지 두어 해 남짓 지난, 세 번째 봄을 맞았을 때의 일이다. 봄은 겨울의 두꺼운 허물을 벗겨 내고 겨울잠에 빠진 만물을 흔들어 깨웠다. 이런 까닭에 새롭게 맞은 새봄에 무엇을 할까 고민하다 그동안 맘만 먹고 실행에 옮기지 못한, 마당 가장자리 수돗가 옆에 작은 연못을 만들기로 하였다.

연못을 만들기 위해서는 먼저 어떤 모양의 연못을 만들 것인지, 또 재료는 무엇을 쓸 것인지 등 사전 준비가 필요했다. 집사람과 의논 끝에 가로 1.5m, 세로 1m 크기의 타원형 작은 연못을 만들기로 했다. 그러나 연못 만드는 방법에 대해 아는 지식이 전무(全無)한 상태였다. 따라서 인터넷과 유튜브를 뒤져 가며 연못 만드는 방법에

대해 며칠 동안 열심히 공부했다.

연못을 만드는 방법에는 원하는 모양과 크기대로 땅을 판 후 방수포와 부직포를 깔고 시멘트나 돌로 마무리하는 방법과 대형 고무 대야를 묻어 연못을 만드는 방법 등이 있었다. 우리 부부는 후자인 대형 고무 대야를 사서 묻어 연못을 만들기로 했다. 만드는 데 힘이 덜 들고 모양이 시각적으로도 더 좋을 것 같아 택한 것이었다. 문제는 대형 대야를 묻기 위해서는 대야의 크기만큼 먼저 땅을 파내야 한다는 것이었다. 시작이 반이라고 기왕 마음먹은 김에 일주일 예정으로 일을 저지르기로 했다.

대형 고무 대야부터 주문했다. 며칠 후 주문한 대야가 배달돼 왔다. 그러나 그동안 계속 날씨가 가문 탓에 땅이 메마르고 딱딱하게 굳어 있어 당장 파기 힘들었다. 그래서 일기 예보를 봐 가며 비 온 다음 날 땅파기 작업을 시작하기로 계획을 세웠다. 다행히도 단비가 예상보다 일찍 내려 작업을 앞당겨 시작할 수 있었다. 먼저 대야의 모양대로 연못 틀을 잡고 땅을 파 내려가기 시작했다. 땅이 비에 흠뻑 젖어 있는 탓에 땅파기는 비교적 수월했다. 첫날은 맛보기로 30cm 정도를 판 후 작업을 마무리했다.

다음 날 아침, 우리 부부는 본격적으로 땅파기 작업에 돌입했다. 그런데 파 내려가는 곳곳에 크고 작은 돌들이 묻혀 있어 이를 캐내는 작업이 여간 어렵지 않았다. 어떤 돌은 10kg도 넘을 만큼 크고 무거웠다. 이런 큰 돌들을 대여섯 개 정도 캐내자 연못 모양이 그런대로 잡혀 가기 시작했다. 땀은 주체할 수 없이 흘러내려 온몸이 땀범벅이 됐다. 결국, 오전 내내 실랑이 끝에 원하는 만큼의 깊이를 파냈다. 그리고 대형 고무 대야를 묻었는데 신기하게도 한 치의 오차도 없이 꼭 들어맞았다. 감격스러운 순간이었다. 집사람과 나는 해냈다는 기쁨에 하이 파이브 하며 환호했다. 이미 준비해 둔 둥근 나무 모양의 말뚝을 대야 주위를 따라가며 촘촘히 박았다. 또 대야 바닥에 작은 자갈을 깔고 큰 돌들도 몇 개 집어넣어 고기들이 쉴 수 있도록 쉼터도 만들었다. 아직 고기들은 없지만 제법 그럴듯한 연못이 완성돼 갔다.

아직 남은 중요한 한 가지는 물이 순환하며 잘 빠질 수 있도록 배수로를 만드는 일이었다. 배수로가 없으면 물이 순환하지 못하고 썩어 물고기가 살 수 없게 돼 꼭 필요한 작업이었다. 배수로 길이는 1m 남짓으로 길지 않았으나 마지막 단계에서 마당에 설치된 배수구의 시멘트벽과 만나고 말았다. 배수로에 묻을 호수의 지름 크기만큼 시멘트벽에 구멍을 뚫어 그 구멍에 호수를 끼워 넣어야 하는데 난감했다. 집에 있는 모든 도구를 동원해 시도해 보았으나 시멘트벽은 요지부동 뚫리지 않았다. 두어 시간가량 씨름했지만 별 성과가 없었다. 힘은 빠지고 실망이 이만저만이 아니었다.

포기 일보 직전인데 그야말로 구세주가 나타났다. 연못을 판다는 사실을 알고 있던, 이사 와 알게 된 아랫집 아우가 해머를 들고 달려왔기 때문이다. 아우가 정을 박고 해머로 배수구 시멘트벽을 몇 번

내려치자 너무도 쉽게 구멍이 뚫렸다. 아우가 연못의 화룡점정을 찍은 셈이 됐다. 구멍이 뚫려 호수를 끼우고 호수 위에 흙을 덮었다. 마침내 연못 배수로가 완성되었다. 연못에 물을 가득 채워 넣자 배수로를 통해 시원스럽게 물이 흘러내렸다. 그리고 황동으로 된 오줌싸개 분수를 설치했다. 오줌싸개 분수는 설치하자마자 힘차게 물을 뿜어내, 연못의 운치가 한층 더 살아났다.

봄이라고 하지만 초봄으로 날씨가 쌀쌀해 고기들이 행여나 얼어 죽을지도 몰라 실험적으로 노란색과 알록달록한 붉은 색의 어린 잉어 두 마리, 그리고 붉고 하얀 금붕어 다섯 마리를 수족관에서 사 와 연못에 풀어 놓았다. 고기들은 수족관의 좁은 공간에서 살다 온 까닭에 풀어놓자마자 제 세상을 만난 듯 힘차게 연못을 이리저리 휘젓고 다녔다. 아울러 미리 준비해 둔 연못 정화 식물인 부레옥잠도 몇 뿌리 띄웠다.

그런데 연못 크기와 비교해 고기 수가 너무 적어 다시 색이 각기 다른 잉어 세 마리와 금붕어 다섯 마리를 더 사와 풀어 놓았다. '아롱이다롱이'란 이름도 지었다. 연못 식구는 잉어 다섯 마리, 금붕어 열 마리 등 열다섯 마리가 되었다. 여기에 우리 부부, 강아지 한 마리까지 합하니 열여덟 식구, 졸지에 대가족이 되었다. 전원주택에 살다 보니 우리 부부도 모르게 식구가 대폭 늘어났다.

"앞으로 대가족을 먹여 살리려면 당신 등골 빠지겠다."라는 아내의 농(弄)에 나는 박장대소했다. 경험이 전혀 없는 우리 부부가 엄두가 나지 않았던 아담하고 예쁜 연못을 단 이틀 만에 성공적으로 만들어 냈다. 도시에서는 꿈도 꿀 수 없는, 이것이 전원주택에 사는 사람들만의 특권이 아닐까 싶어 연못을 바라볼 때마다 기분이 뿌듯하다. 오늘도 우리 부부는 연못가에 앉아 커피를 마시며 최고의 호사를 누리고 있다.

잔디와 잡초

이 세상 모든 풀은 처음에는 잡초였다.
누군가가 효능을 발견하고 이름을 붙이면 잡초가 약초가 된다.

— 미상

전원주택을 지으면서 뒷마당을 제외하고 약 70평 남짓의 마당에 푸른 잔디를 심었다. 전원주택을 지으면 푸른 잔디가 깔린 마당을 꼭 갖고 싶었기 때문이었다. 그리고 그 잔디 위에 흔들 그네도 설치했다. 가끔 그네를 타며 앞산을 바라보노라면 능선의 나무들이 용이 되어 춤추고 사슴도 뛰놀아 그들과 곧 친구가 되었다.

잔디는 크게 난지형 잔디와 한지형 잔디로 나눌 수 있다. 난지형 잔디는 봄부터 가을까지 긴 기간 동안 생생한 푸른색을 유지한다. 내병성, 내충성, 내한성, 내서성에 강한 특징이 있어 우리나라 기후에 적합한 품종이다. 특히 뿌리가 단단하고 토양을 잡아 주는 효과는 물론 물 빠짐이 좋으며 지형을 변형시키지 않고 유지해 주는 등 큰 장점이 있다. 그러나 날씨가 추워지는 겨울에는 생육을 멈추고

색이 갈색으로 변하는 것이 단점이라면 단점이다. 대표적인 난지형 잔디에는 금잔디, 들잔디, 비단잔디, 그리고 왕잔디 등이 있다.

한지형 잔디는 일명 서양 잔디라고도 하는데 생육 적정 온도는 15~25℃로 주로 서늘한 환경에서 잘 자란다. 우리나라 여름철의 고온 다습한 환경에서 좀 힘들어하는 습성이 있고 '하고 현상'이 발생해 관리가 어려운 단점이 있다. '하고 현상'이란 더워지는 여름철에는 생장이 어렵고 정지하며 나아가 황화 또는 고사하는 것을 말한다. 외국에서는 골프장의 그린 또는 테니스 경기장에 주로 심고 있다. 국내에서는 가정용보다는 주로 골프 경기장 퍼티 그린용으로 활용하고 있다. 이들 잔디 중 우리 집 앞마당에는 비교적 관리가 쉽고 생명력이 강한 들 잔디를 심었다.

그런데 봄이 오면 가장 먼저 자라기 시작하는 것이 바로 마당의 잔디다. 따뜻한 봄날, 잔디밭에 앉아 지난해의 흔적으로 남은 갈잎 잔해들을 조심스럽게 헤집으면 북풍한설 다 이겨 낸 연두색 잔디 새싹들이 수줍게 인사를 한다. 엄동설한 다 이기고 싹을 틔운 잔디를 보면서 나는 감격에 겨워 숨죽이며 보고 또 본다. 봄의 전령사인 셈이다.

그러나 마당에 잔디만 자라는 것은 아니다. 잡초 역시 잔디에 질세라 잔디 틈바구니에서 먼저 키 재기를 해 댄다. 잔디 속에서 속절없이 자라나는 잡초는 키가 높이 자라기 전에 먼저 뽑아 주어야 예쁜 잔디 마당을 유지할 수 있다. 특히 잔디 속에서 왕성하게 자라는 잡초 아닌 잡초인 민들레, 질경이, 토끼풀 등은 잔디의 영양분을 죄다 빼앗아 먹어 잔디 뿌리를 약하게 만들어 버리는, 말 그대로 악당들이다. 이들로 인해 잔디는 병충해에 취약하게 돼 결국 말라 죽기도 한다. 이 같은 잡초를 제거하는 일도 잔디 관리만큼이나 힘들고 귀찮은 일 중 하나다.

잔디는 일정한 길이로 깎아 주면 되지만 잡초는 손으로 직접 하나하나 뿌리째 뽑아 줘야 한다. 뿌리를 그대로 두면 같은 자리에서 또 잡초가 금세 자라나기 때문이다. 그런데 쭈그리고 앉아 잔디를 뽑다 보면 오금이 저리고 팔다리까지 아파 얼마 못 가 녹초가 되기 일쑤다. 며칠 동안 그 후유증이 남기도 한다. 물론 잡초 제거제를 뿌려 잔디 속 잡초를 손쉽게 제거할 수도 있다. 그러나 어디선가 우리 집 마당까지 일부러 찾아온 귀한(?) 손님이라고 생각하고 귀찮아도 잡초가 보일 때마다 그냥 뽑기로 했다.

그런데 잔디 역시 제때 깎아 주지 않으면 잔디는 제멋대로 웃자라 전원주택을 하루아침에 폐가로 바꿔 버리기도 한다. 잔디가 너무 웃자라면 기계로 깎더라도 두 배로 더 힘들고 잘 깎이지도 않는다. 특히 여름철에는 잔디 자라는 속도가 더 빠르고 심한데 비라도 오면 잔디는 하루 이틀 사이에 무섭게 자라 버린다. 그때마다 잔디를 깎아야 한다. 물론 잔디 깎기를 한 후 일정하게 자라지 않는 잔디를 나무라고 탓할 수는 없는 일이지만, 제멋대로 자라 버린 잔디가 눈에 거슬리고 보기 싫어 결국 깎을 수밖에 없다.

그런데 잔디 깎는 일이 이만저만 힘든 게 아니다. 초보 전원주택 거주자로서 멋모르고 잔디 깎는 기계를 샀는데 무게가 생각보다 무거워 잔디를 깎을 때마다 늘 애를 먹는다. 그렇다고 늘 애를 먹고 힘든 것만은 아니다. 잔디 기계로 낑낑거리며 잔디를 깎다 보면 기쁨도 있다. 잔디 깎는 기계를 밀고 나가면 잔디 사이사이에 숨어 있던 메뚜기, 개미, 여치, 방아깨비 등 작은 곤충들이 기계 소리에 놀라 혼비백산 이리저리 날뛰는 귀여운 모습을 보면 미안하면서도 웃음이 절로 나기 때문이다. 또 기계를 밀고 지나가다 보면 나만의 연두색 잔디 길이 생긴다. 나는 기쁜 마음으로 조심조심 그 잔디 길을 걸어 본다. 그리고 잔디 향은 잔디 깎을 때만 맡을 수 있는 색다른 경험이다.

올해는 몇 번이나 더 잔디를 깎아야 할지, 또 몇 번이나 더 잡초를 뽑아야 할지 모르겠다. 그러나 잔디 깎기 좋은 날, 힘들어도 조금만 더 품을 팔면 늘 아름다운 멋진 잔디 마당이 펼쳐지리라.

그래도 잔디 깎는 날은 늘 힘들다.

나이 들자 변한 것들

사실 돌아보면, 50세 전까진 참 대책 없는 삶을 살았던 것 같다.

— 노라 에프론

나이 든다는 것은 '노인'이 되는 것이고, 육체적으로 늙는 것, 즉 '노화(老化)'를 뜻한다. 노화란 '질병이나 사고에 의한 것이 아니라 시간이 흐름에 따라 생체 구조와 기능이 쇠퇴하는 현상'을 의미한다. 따라서 '노화'를 한마디로 요약하면 '인간이 출생하여 죽음에 이르는 과정의 전반적인 변화'라고 할 수 있다. 특히 인간은 태어나는 순간부터 자신도 모르게 죽음을 향해 달려간다. 그러나 살아가는 동안 그 사실을 의식하지 못한 채 살다, 어느 날 문득 늙어 버린 자신을 발견하고 깜짝 놀란다.

나 역시 마음은 여전히 청춘인데 어느 날 헤아려 보니 나이 70을 넘어섰다. 그리고 노화의 이런저런 증상들이 몸 여기저기 알게 모르게 서서히 나타나고 있어 세월의 무상함을 느낀다. 그러나 이런 현상은 이상할 것이 전혀 없는 지극히 당연한 것이다. 기계를 70년 이상 썼다면 아주 옛날 옛적에 폐기 처분 하고도 남았을 만큼의 세월이 흘렀으니…….

나이 들자 제일 먼저 변한 것은 수면 시간이다. 아주 특별한 일이 아닌 경우, 저녁 식사 하고 9시가 넘으면 하품이 나오고 나도 모르게 졸음이 밀려와 잠자리에 들어야 한다. 그리고 아침 5시경에는 어김없이 눈이 떠진다. 어느 날부터 나도 모르게 일찍 자고 일찍 일어나는 새 나라의 어린이가 되었다. 또 점심 먹은 후에는 잠시 잠깐 낮잠을 즐기는 것도 이제는 피할 수 없는 습관이 되고 말았다.

혹자는 나이가 들수록 친구가 있어야 하고 취미 생활도 해야 말년이 덜 고독하고 외롭다지만 나에겐 사람 만나는 일이 고역일 때가 많아 가능한 한 피하고 있다. 아마도 그동안 주말 부부로 십수 년 혼자 떨어져 살아 나름대로 '홀로서기' 삶의 방식을 터득한 때문이 아닌가 싶다.

그런데 사람들을 만나다 보면 몇 가지 유형으로 뚜렷하게 구분된다. 빈 깡통이 요란하다는 말은 결코 틀린 말이 아닌 듯하다. 만나서 헤어질 때까지 자기 이야기만 끊임없이 해 대는 사람, 침이 마르도록 자식 자랑만 늘어놓는 사람, 시답지 않은 과거사를 과대 포장 해 장황하게 자랑하는 사람, 말의 핵심을 잃어버린 채 횡설수설하는 사람, 그리고 술 한잔 들어가면 반복적으로 군대는 물론 첫사랑 이야기까지 무용담처럼 끝도 없이 해 대는 사람 등등.

반면 나는 누구를 만나든 상대방이 먼저 묻지 않는 한, 내가 먼저 나 자신의 과거사는 물론 신변 이야기, 자식 이야기를 하지 않는다. 그렇다고 나 자신이 고상해서도, 잘나서도 결코 아니다. 이런 사사로운 이야기들을 하는 것은 만나고 있는 상대방에게 결례라고 늘 생각해 왔기 때문이다. 정치, 경제, 문학, 예술 등 이야기할 수 있는 주제들이 넘치고 넘치는 세상인데, 만날 때마다 시시콜콜한 신변잡기만을 들먹이는 이 같은 유형의 사람들을 만나게 되면 나도 모르게 피곤해진다. 아니 괴롭다. 그래서 피하는 것을 상책으로 삼고 있다.

또 나이 들자 술 마시는 횟수와 양이 대폭 줄었다. 나는 군에 입대하고 자대에 배치되었을 때 선임병들의 강권에 못 이겨 소주를 처음 마셔 보았다. 대학 다닐 때도 술을 즐기는 편이 아니었다. 그러나 대학 졸업 후 직장 생활을 하면서 술이 조금씩 늘기 시작했다. 매일 술을 마시지는 않았었지만, 언제부터인가 한번 마시기 시작하면 밤새는 줄 모르게 마셔 댔다. 두주불사였다. 그런데 다음 날, 신기하게도 아무 일 없었다는 듯 거뜬하게 강의도 하고 업무도 처리했었다.

그러나 지금은 어림 반 푼어치도 없는 소리다. 젊은 시절처럼 객기 부려 가며 폭음이라도 하는 날이면, 다음 날은 숙취 후유증으로 하루를 꼬박 쉬어야만 한다. “술에는 장사(壯士) 없고, 술 마시는 것도 한때다.”라는 말을 요즈음 절실히 실감하며 노년을 살고 있다.

달라진 것은 또 있다. 나 역시 남자이자, 동물적인 수컷인지라 TV에 나오는 예쁜 여자 연예인들을 보거나 길거리에서 늘씬한 처자들과 마주치게 되면 주책없이 눈길이 갔었다. 그러나 지금은 예쁘고 늘씬한 그들을 아무리 봐도 특별한 감흥도, 감정도 생겨나지 않는다. 나이 들자 수컷으로서의 본능(?)이 무뎌졌거나 사라진 탓인지도 모르겠다.

그런데 70이 넘은 나이에 아직도 자신은 청춘이라고 억지떼를 쓰며 늙은 아내 몰래 연애에 몰두하고 있는 괴짜 친구도 있다. 어느 해 연말 고등학교 송년회에 갔을 때 경품으로 나온 상품 중에 발기 부전 치료제인 '비아그라'도 끼어 있어 몇몇 친구들과 박장대소한 적도 있었다.

평균 수명이 52세밖에 안 된 1960년대 같았으면 이미 북망산천(北邙山川)에 누워 있을, 나이도 먹을 만큼 먹은 판국에 굳이 약까지 먹어 가며 안 되는 성욕을 애써 채우고자 기를 쓰는 일이 과연 온당한 처사인지 나로서는 이해 불가다. 안 되면 안 되는 대로, 되면 되는 대로 순리대로 살면 될 것을. 그런데 노인 성범죄 역시 하루가 다르게 증가하고 있는 현실을 보면 수컷의 본능을 제어하기가 그렇게 쉽지만은 않은 것 같아 입맛이 씁쓸하기도 하다.

그런데 나이 들어 안 되는 것을 억지로 하고자 기를 쓰고, 과거를 들먹이며 자기 자랑이나 일삼고, 잔소리나 해 대고, 늙음을 인정하지 않으려 떼를 쓰는 것은 정말로 나잇값을 못 하는, 전형적인 늙은 꼰대의 추한 모습일 뿐이다. 나이 먹을수록 "가능한 한 입은 다물고 지갑은 열라."라는 말처럼 나이에 걸맞게 곱게 늙어 가야 더 아름답고 빛나는 법이다. 아니 어른으로서 대접받고 존경받는 지름길이다.

이런 까닭에 나는 순리대로 나잇값 하며 곱게 살다, 어느 날 소리 소문없이 조용히 이 세상을 하직하고 싶다. 부모님 덕분에 이승으로 소풍 와 한평생 걸판지게 잘 놀고 잘 살았으니, 지금 떠난다 해도 후회도, 미련도 크게 없다.

아롱다롱 제자들

먼저 자기 자신을 가르쳐야 한다. 그래야만 남을 가르칠 수 있다.

— 붓다

36년여의 교직 생활을 마감하고 ICT(정보통신기술) 영역에서 그동안 직·간접적으로 가르쳐 온 제자 수를 대충 헤아려 보니 대략 1만 5천에서 1만 8천 명 사이가 되는 듯싶다. 이 중에는 박사 15여 명과 석사 50여 명도 포함돼 있다. 가르친 제자가 많다 보니 ICT 대기업의 임원도 있고, 대학교수, 고교 교사, 경찰, 개인 기업체 사장, 그리고 언론계와 문화계 간부 등등, 종사하고 있는 분야도 다양하다.

이 많은 제자 중에서 지금까지 소통되고 있는 제자는 손가락으로 꼽을 정도니 조금 서운할 때도 있다. 그러나 이 모든 것은 스승으로서 역할을 제대로 다하지 못하고, 잘 못 가르친 자업자득으로 누구를 탓할 일은 아닌 것 같다. 나 역시 그동안 물심양면으로 가르침을 주신 스승님들께 문안 인사는커녕 바쁘다는 핑계로 소홀히 해 왔기 때문이다. 그래도 다행스러운 것은 그동안 물심양면으로 가르침을 주신 많은 스승님 중 고2 담임선생님과는 지금도 소통하고 있는 사실이다.

그런데 한 제자는 매년 스승의 날 어김없이 축전을 보내 주거나 전화를 한다. 몇몇 제자는 잊을 만하면 안부를 묻는 문자 메시지를 보내오기도 한다. 또 여고 교사 시절이 잠시 있었는데 그 당시 가르쳤던, 지금은 미국에 이민 간 여제자도 잊지 않고 가끔 안부 메일을 보내온다. 여제자가 귀국해 거의 40년 만에 다시 만나 함께 점심을 하면서 여제자의 학창 시절 이야기를 시간 가는 줄 모르고 나누었었다. 당시 여제자는 얼굴이 하얀 예쁘장한 단발머리 여학생이었는데 이제는 50대 중반의 단아한 여인으로 변해 있었다. 40년이란 세월이 흘렀으니 당연한 일이었다.

그런데 너무 오래전 일이라 내 기억에는 없지만, 여제자 집안의 가세가 한참 어렵고 힘들 때 내가 아르바이트 자리를 소개해 주었다고 했다. 그래서 필요한 등록금을 마련해 무사히 고등학교를 졸업할 수 있었다고 했다. 이런 이유로 나에게 늘 감사하며 살아왔다고 했다. 이처럼 잊지 않고 연락해 오는 제자들에게 늘 고마움을 느낀다.

한 가지 이상한 일은 연락해 오는 제자들과 특별한 인연으로 맺어진 관계가 아니라는 사실이다. 알고 보니 나로서는 아주 작은 도움을 주었을 뿐인데 그것이 본인들 가슴에 남아 감사함을 잊을 수 없었다는 것이다. 어느 교수도 써 주지 않은 입사 추천서를 써 준 일,

힘들 때 격려해 준 일, 회사 취업을 시켜 준 일 등등. 나에게는 일상적인 일이었거나 당연한 일이었으나 당사자인 본인들에게는 아마도 크게 느껴졌던 모양이다.

그러나 유감스럽게도 공부를 잘했던 제자들은 제 잘난 맛에 사는 까닭에 연락이 거의 없다. 또 여제자들은 졸업하면 대부분 그것으로 끝이다. 그러나 연락하고 안 하고가 뭐 그리 중요할까. 자신의 삶이 바쁘다 보면 당연한 일일 것이다. 다만 '청출어람(靑出於藍)'이란 사자성어의 뜻처럼 제자들이 스승인 나보다 훨씬 더 나은 사람으로 거듭나길 바랄 뿐이다.

운명의 짝을 만나다

만약 모든 사람이 개처럼 조건 없는 사랑을 할 수 있다면
더 좋은 세상이 될 것이다.

— M. K. 클린턴

홍천에 전원주택을 지어 이사한 후, 졸지에 식구가 하나 더 늘었다. 고민 끝에 용기를 내 진돗개 잡종 암컷 한 마리를 입양했기 때문이다. 초등학교 시절, 시골집에서 유난히 귀가 쫑긋한 누런 진돗개 수컷을 키운 적이 있었다. 그런데 어느 날 밤, 하수도 토관 속으로 달아나는 쥐를 잡으려다 작은 토관에 몸이 낀 채, 결국 빠져나오지 못하고 그대로 죽고 말았다. 애지중지 키우던 개의 죽음을 어린 나이에 직접 목격한 충격이 너무 커, 그 후로 60여 년 동안 집에서 개를 키우지 않았다.

그런데 전원주택에 살기 때문에 마당에 강아지 한 마리 키우면 어떨까 하는 생각을 자연스럽게 하게 되었다. 그러나 여전히 엄두가 나지 않았다. 강아지 한 마리 키우는 것은 아이 하나 돌보는 것과 맞먹는 비용과 시간, 정성이 필요하다는 것을 익히 알고 있었기 때문

이다. 이런 사실을 간과한 채, 귀여운 마음에 계획 없이 강아지를 입양했다가 결국 감당할 수 없어 내다 버리는 경우도 비일비재해 사회 문제가 된 지 이미 오래다.

우리나라에서 1년에 버려지는 유기견 수는 대략 10만 마리 정도 된다. 또 이들 유기견을 처리(안락사)하는 데 연간 100억 원 정도의 큰 비용이 들고 있다. 따라서 반려견을 입양하고자 한다면, 즉흥적이 아닌 사랑으로 반려동물을 끝까지 돌보고 지켜 줄 수 있을지 먼저 심사숙고한 후 입양 여부를 결정하는 것이 순리일 것이다.

강아지 입양을 결심하고 인터넷을 검색해 보니 무료 입양도 가능했다. 몇 군데 직접 연락해 보았으나 무료 분양이라고 해 놓고는 대부분 이런저런 조건을 내세우며 돈을 요구해 실망스러웠다. 암컷의 경우 중성화 수술을 요구하고 중성화 수술 비용을 원주인에게 미리 예치한 후, 중성화 수술을 했다는 증명서를 보내 주면 예치금을 반환해 주겠다는 식이었다.

중성화 수술은 암컷이 새끼를 낳을 수 없도록 생식기를 미리 제거해 버리는 것이다. 중성화 수술의 목적은 종족 번식에 대한 욕구를 충족하지 못했을 때 오는 스트레스를 미리 감소시키고, 생식기 쪽에 올 수 있는 암이나 기타 질병을 예방하기 위함이다. 그러나 아무리 말 못 하는 짐승이라지만 주인 맘대로 미리 생식기를 제거한다는 것은 잔인한 일로 마음이 썩 내키지 않았다. 그런데 미국, 영국 등 애견 선진국에서는 중성화 수술이 보편화돼 있다고 하니 그냥 지나칠 일만은 아닌 듯싶기도 하다.

이런저런 이유로 강아지 입양을 포기하려던 찰나, 아내가 다니고 있는 교회의 신도 한 분이 생후 4개월 된 예쁜 강아지가 있다며 키워 보라고 강아지 사진과 함께 연락해 왔다. 사진 속 강아지는 하얀 털에 브이 라인 얼굴을 하고 있어 예쁘고 귀여웠다. 그런데 묻고 따지고 할 시간도 없이 이야기가 오간 당일 밤, 경기도 구리시에서 강원도 홍천 집까지 강아지를 싣고 와 버렸다. 부지불식간에 벌어진 일이라 이것도 어떤 피할 수 없는 인연이 아닌가 싶어 차마 거절할 수 없었다.

굳이 강아지의 족보를 따지자면 엄마 개는 진돗개 잡종이고, 아빠 개는 독일산 사냥개라고 했다. 그런데 주인들이 일부러 교배시킨 것이 아니라, 어느 날 집을 뛰쳐나와 동네를 배회하던 사냥개가 집에 묶여 있던 엄마 개를 찾아와 주인 허락도 없이 교미를 해 버렸다는 것이었다. 속된 말로 사냥개가 엄마 개를 따먹은(?) 셈이 됐다. 이렇게 해서 태어난 네 마리 강아지 중 암컷 한 마리를 우리 집으로 데려온 것이었다.

기왕 한 식구로 받아들이기로 한 이상 어쩔 도리가 없었다. 그동안 부르던 '예쁜이'란 강아지 이름이 있었으나 홍천의 새집으로 입양돼 왔으니 새 이름을 지어 부르기로 했다. 아내와 여러 가지 이름을 놓고 고심한 끝에 새봄에 우리 집으로 온 까닭에 '봄'이라고 부르기로 했다. 그런데 봄이 갑자기 와 살 집이 없어 집 장만이 급선무였다.

그러나 60여 년 만에 새 식구가 된 봄의 집을 평범한 것으로 사 주고 싶지 않아 조금 비싸지만, 테라스까지 갖추어진 멋진 집을 주문했다. 일주일 후, 봄의 집이 배달돼 왔다. 집을 조립하여 봄이 편히 살 수 있도록 바닥에 부드러운 카펫을 깔고, '봄이 집'이란 문패까지 만들어 달아 봄 앞에 놓아 주었다. 봄은 잠시 망설이며 주의 깊게 냄새도 맡고 경계하며 집 주위를 몇 바퀴 돌아보더니 집 안으로 들어가 앉았다. 봄은 예쁜 눈을 깜빡이며 감사하다는 표정으로 나를 한참 동안 쳐다보았다.

이제 봄이 입양된 지 꼭 4년이 되었다. 그런데 다행스럽게도 아직은 건강하고 무탈하게 잘 적응하며 자라고 있다. 제법 말귀도 알아듣고 애교도 정열적으로 떨고 목청껏 짖기도 잘한다. 반려견으로서 제 몫을 충분히 하고 있어 입양하길 잘했다는 생각이 든다.

그런데 개의 수명은 대략 15년에서 20년 정도라고 하니, 어쩌면 봄과 나는 운명을 같이할 수도 있겠다는 생각이 문득 들었다. 나와 봄은 전생에 어떤 인연이 있어 이렇게 한 가족이 되었으므로 운명적인 만남이라고 해도 가히 틀린 말은 아닐 것이다. 어느 날, 봄이 내 말을 알아듣든 못 알아듣든 상관없이 나는 봄의 귀에 가만히 속삭였다.

"봄아, 나랑 운명을 같이하자."라고……. 그리고 아내에게도 신신당부했다. "내가 죽거들랑 집 앞마당 소나무 밑에 수목장을 해 주고, 봄이도 죽거들랑 내 옆에 함께 묻어 달라."라고…….

이제 봄이랑 뒷산으로 산책하러 가야 할 시간이다.

페루 마추픽추에서의 감격

여행은 정신을 다시 젊어지게 하는 샘이다.

— 한스 안데르센

"어리석은 사람은 방황하고, 현명한 사람은 여행한다."라는 말이 있다. 반복되는 일상에서 탈출해 어디론가 떠날 수 있다는 것은 늘 즐겁고 신나는 일이다. 이번에는 중남미, 특히 페루 마추픽추 여행을 벼르고 벼른 끝에 강행하기로 용기를 냈다. 그동안 망설였던 까닭은 비용도 비용이지만 거리가 너무 멀어 장거리 비행에 자신이 없었기 때문이었다.

마침내 2019년 10월 중순, 15일 일정으로 아내와 함께 인천공항에서 페루행 비행기에 올랐다. 그러나 페루까지 가는 직항이 없어 멕시코시티 국제공항까지 운항하는 아에로 멕시코 항공을 타야 했다. 멕시코까지 직항이라지만 비행시간은 무려 14시간이나 걸렸다. 아에로 멕시코 항공은 2017년 중남미 국가 중 인천에 유일하게 취항한 항공사다. 취항하자마자 우리나라 반대편에 있는 브라질, 아르

헨티나, 페루, 그리고 칠레까지 비교적 편하게 갈 수 있는 인기 노선으로 자리 잡았다.

그런데 페루 마추픽추에 가기 위해서는 멕시코 국제공항에서 다시 페루 리마행 비행기로 바꿔 타고 6시간여를 더 가야만 했다. 멕시코 국제공항에서 갈아타기 위해 기다린 시간까지 모두 합치면 목적지인 페루 리마 공항에 도착하기까지 꼬박 만 하루(24시간)가 걸렸다.

기진맥진한 상태로 리마 공항에 도착한 우리 일행을 마중 나온 현지 가이드가 만나자마자 웃으며 한마디 던졌다.

"안녕하세요, 여러분, 집 떠나면~~ 뭐죠?"

"개고생!!!"

그 경황에도 일행들은 입을 모아 힘차게 합창하고는 15일간의 중남미 여행을 시작하였다. 멀고도 긴 여정이었지만, 곧 마추픽추를 볼 수 있다는 설렘으로 어느 순간 피곤은 사라지고 몸도 가벼워졌다.

마추픽추에 가기 위해 페루 리마의 호텔에서 1박했다. 다음 날 아침, 리마 국제공항에서 쿠스코행 비행기를 탔다. 쿠스코는 종교적·행정적 기능을 갖춘 독특하고 복합적인 중심 도시로 잉카제국 시대에 개발되었다. 특히 농업과 수공업, 공업 구역은 중심부와 확실하게 구분된 채 산업 구역이 도시를 둘러싼 형태를 하고 있었다. 스페인은 16세기에 이곳을 정복한 후, 도시의 기본 구조를 보존하면서 잉카 도시의 폐허 위에 바로크 양식 교회와 궁전을 다시 건설하였다.

마추픽추로 가는 기차를 타기 위해 쿠스코 공항에서 다시 리무진 버스를 타고 우루밤바로 이동했다. 우루밤바의 오얀타이탐보역에서 마추픽추의 아구아스 칼리엔 테스로 가는 기차를 40분 정도 탔다. 기차 실내는 의자가 두 자리씩 마주 보고 앉을 수 있도록 배치돼 있고, 의자를 사이에 두고 작은 사각 테이블이 놓여 있었다. 기차가 출발하자 승무원이 페루 전통차와 쿠키, 그리고 커피를 제공했다. 처음 맛본 페루 전통차는 흑갈색으로 사약처럼 써 입에 맞지 않았다. 40여 분을 달려 목적지인 아구아스 칼리엔 테스 역에 도착했다. 그러나 이것이 끝이 아니었다. 마추픽추 입구까지 가는 순환 버스를 또다시 타야 했다.

순환 버스는 그야말로 꼬불꼬불 꼬부랑 산길을 30여 분 달려 마침내 마추픽추 입구에 우리 일행을 내려 주었다. 그런데 아침 일찍 출발했음에도 불구하고 이미 입구에는 세계 각지에서 모여든 관광객들로 인산인해였다. 기대 반 설렘 반으로 1시간 이상 기다린 끝에 입장 순서가 되었다. 입구를 지나 한참 걸어 올라가 마추픽추가 모두 내려다보이는 정상에 섰다. 그동안 가끔 TV에서만 보아 왔던 마추픽추가 한눈에 들어왔다. 마침내 버킷 리스트의 꿈을 이룬 순간, 아내와 나는 감격의 하이파이브를 하며 환호했다.

마추픽추는 잉카의 수도 쿠스코에서 우루밤바강(아마존강의 원류)을 따라 북서쪽으로 114km 올라간 해발 2,280m에 위치에 있었다. '늙은 봉우리'란 뜻을 가진 마추픽추는 잉카인들이 스페인 정복자들로부터 도망쳐 산 높은 곳에 비밀 공중 도시를 건설했을 것이라는 설이 가장 유력하지만, 가설일 뿐 정설은 아니다. 특히 마추픽추는 스페인에 정복된 이후 약 5세기 동안이나 정글 안에 파묻혀 있었다. 그런데도 발견 당시 건물들의 지붕을 제외하고는 거의 훼손되지 않은 옛 모습 그대로였다.

약 1,200여 명이 거주했을 것으로 추정되는 마추픽추는 제례 의식의 중심지로서, 테라스 형태의 농업 구역과 도시 구역으로 구분하여 배치되었다. 화강암으로 만들어진 잉카인들에게는 해시계뿐 아니라 태양을 붙잡아 바위에 묶어 두기 위해 제사를 지냈던 성스러운 곳인 '인티우아타나', 커다란 바위 위에 부드러운 곡선으로 돌을 쌓은 탑 모양의 마추픽추 유적지 200여 개의 건축물 가운데 가장 독특한 형태의 '태양 신전', 그리고 마추픽추에서 유일하게 1층과 2층이 안에서 연결되지 않고 바깥 계단을 이용하도록 설계된 특이한 형태의 '왕녀의 궁전' 등은 마추픽추의 대표적인 볼거리였다. 일상생활에 필요한 시설이 거의 다 갖추어져 있었다. 계단식 밭에서는 옥수수와 감자, '안데스의 초록빛 황금'인 코카 잎까지 재배했다. 물론 가축도 별도의 공간에서 따로 길렀다.

그런데 장비도 태부족이었을 1,000여 년 전에 2,000m가 넘는 이 높은 산꼭대기에 순전히 인력만으로 '공중 도시'를 건설했다는 사실이 도저히 믿어지지 않았다. 그리고 가는 곳곳마다 볼 수 있는 잉카인들의 정교하고 세련된 건축술을 보면서 전율마저 느껴졌다. 특히 잉카인들은 물과 돌을 이용하여 뛰어난 건축술을 가진 민족이라는 것을 보여 주는 백미가 바로 '수로'였다. 마추픽추 유적의 사이사이로 지금도 수로를 따라 맑은 물이 흐르고 있다. 이는 자연적으로 흐르는 것이 아니라 물이 높은 곳에서 낮은 곳으로 흐르도록 돌을 이용하여 인공적으로 만든 것이다. 잉카인들의 숨결이 여기저기서 느껴지는, 마추픽추는 필설로는 다 설명할 수 없는, '불가사의' 그 자체였다.

구경하다 말고 문득 마추픽추에서 살았던 잉카인들은 다 어디로 갔는지 몹시 궁금했다. 침입자들에 의해 전원 살해당했을 것이라는 설도 있고, 다른 곳으로 이주했을 것이라는 설이 있으나 그저 설일 뿐이다. 나는 흔적 없이 어디론가 자취를 감춰 버린 잉카인들에 대한 이런저런 궁금증을 간직한 채 다음 여행지로 아쉬운 발길을 돌려야 했다.

그러나 오매불망 바라고 바라던 마추픽추 정상에 서는 꿈을 이루었다는 사실만으로도 죽는 날까지 기억될 내 생애 최고의 여행이었다.

고구마 캐던 날

고구마는 고향 사람들을 닮아 정으로 매달려 뿌리를 흙에 묻고 산다.

— 진의하

정년퇴직 후 도시에서의 아파트 생활을 청산하고 전원주택을 지어 귀촌하면서 우려 반, 기대 반 걱정이 많았다. 마을 원주민들과 어떻게 동화돼 함께 살아갈지 걱정되었고, 전혀 낯선 새로운 세계인 농촌에서 무슨 일이 어떻게 일어날지 전혀 예측할 수 없기 때문이었다.

그런데 지난해 가을은 오색 고운 단풍으로 황홀했고, 겨울은 흰 눈에 파묻혀 설국의 색다른 경험을 했다. 봄이 되자, 전원생활을 시작하고 처음으로 2평 남짓한 텃밭에 장날에 고추, 상추, 토마토, 딸기, 참외 그리고 당귀 모종들을 사 와 심었다. 텃밭에서 하루가 다르게 모종들이 쑥쑥 자라나는 그 모습을 보고 있노라면 신기하고 기특하기도 해 텃밭을 볼 때마다 기쁨과 행복이 가득 넘쳤다.

시간이 흐르고 어느 날 보니 말 그대로 텃밭은 신선한 채소 가게로 변해 있었다. 처음 지어 본 텃밭 농사지만 땅은 결코 거짓말을 하지 않았다. 텃밭에서 갓 따 온 상추를 찬물에 헹궈 상추쌈을 하고, 잘 익은 참외와 토마토를 따 마을 사람들과 오손도손 나누어 먹는 재미 또한 쏠쏠했다. 도시에서는 꿈꿀 수도, 맛볼 수도 없는 전원생활에서만이 누릴 수 있는 특권이었다.

가을 어느 날 우리보다 먼저 마을에 정착한 최 사장 댁에서 고구마를 캔다는 전갈이 왔다. 고구마를 좋아하는 터라 일손을 조금 보태기로 했다. 먼저 고구마 줄기를 걷어 내고 호미를 이용해 조심스레 고구마를 캐기 시작했다. 하나둘 줄줄이 딸려 나오는 진분홍빛 고구마들을 보면서 한없는 희열과 기쁨을 맛보았다.

고구마는 밤고구마, 호박고구마, 자색고구마, 물고구마 그리고 꿀고구마 등 종류도, 맛도 다양하다. 이 중에서 내가 가장 좋아하는 고구마는 물고구마다. 이 물고구마를 맛있게 먹는 방법이 있다. 겨울 저녁에 고구마를 푹 삶아 밖에 두었다가 아침에 일어나자마자 꼭지를 따고 쪽 빨면 껍질만 남고 꿀물처럼 단 고구마가 입안에 한가득 찼었다. 어린 시절 즐겨 맛본 그 맛을 지금도 잊을 수 없다. 그러나 지금은 그런 물고구마를 찾을 수 없어 안타깝기만 하다. 그런데 고구마를 캐면서 피땀 흘려 농사짓는 농부들의 수고를 조금은 알 것 같았다. 아마도 농사를 지어 보지 않은 사람은 이 같은 수확의 기쁨이 얼마나 큰지 절대 알 수 없을 것이다.

고구마를 캐다 보니 문득 오지에서 잠시 살았던 어린 시절의 기억이 모락모락 떠올랐다. 50년대 말, 60년대 초는 국민 대부분 못살고 못 먹던 힘든 시기였다. 그래서 매년 보릿고개를 겪으며 살았었다. 식량이 부족해 겨울 점심 한 끼는 밥 대신 고구마로 때우는 경우도 다반사였다. 고구마가 겨울 한 철 중요한 식량을 대신했었다. 그러나 지금은 고구마는 간식거리 중 하나일 뿐, 어디를 가나 먹을거리가 넘쳐 나 주체할 수 없는 세상이 되었으니 격세지감을 느낀다.

고구마를 캐는 동안 땀은 비 오듯 했지만, 태어나 처음 해 보는 색다른 경험으로 즐겁고 행복한 하루였다. 고구마를 캐 준 수고의 대가로 고구마 한 바구니를 선물로 받아 왔다. 내년에는 우리도 아예 땅을 조금 빌려 맛있는 고구마를 심어야겠다. 벌써부터 기대와 함께 마음이 풍성해진다.

동아리 '하코스'

고난과 불행이 찾아올 때 비로소 친구가 친구임을 안다.

— 이태백

'하코스'는 대학 1학년 때 공부를 함께 하기 위해 결성한 동아리(당시는 서클) 이름으로 '하얀 코스모스'의 약칭이다. 당시 회원은 전자계산학과 1학년 새내기들로 남학생 여섯, 여학생 두 명 등 여덟 명이 전부였다. 그해 가을 오후, 교정 벤치에 모여 동아리 이름 문제를 놓고 씨름하던 중, 누군가가 운동장 담장 주위에 흐드러지게 핀 코스모스를 가리키며, '하얀 코스모스'가 어떻겠냐고 제안해 만장일치로 동아리 이름으로 채택되었다. 그런데 헤아려 본 하얀 코스모스 잎은 여덟 잎, 회원도 여덟 명, 이런 우연의 일치가…….

당시는 우리나라 전체가 컴퓨터 도입 초창기였기 때문에 전공과목들이 모두 생소하고 어려웠었다. 한글판 교재마저 거의 개발되지 않아 과목 대부분을 영어 원서 복사본으로 공부해야 했었다. 영어 실력이 짧아 어려움이 이만저만이 아니었다. 이런 까닭에 시험 때마다 회원들이 과목을 분담해 각자 번역을 해 와 서로 교환해 가며 시험 준비를 하곤 했었다. 복사기도 없던 시절이라 먹지를 대고 몇 부씩 필사해 나누어 가졌었다.

'통기타, 생맥주, 청바지'의 청년문화로 대변되던 1970년대 초, 동아리 활동은 나름 즐거웠다. 방과 후에는 가끔 명동까지 진출해 밤늦게까지 맥주를 마시기도 했었다. 그런데 맥주 안주가 비싸 밖에서 미리 안주를 몰래 사 가서 먹다 웨이터 형에게 들켜 혼나기도 했었다.

등산은 물론 연극 구경, 세미나 모두 함께 다녔다. 1학년 겨울방학을 맞아 교수님들께 양말을 팔아 남은 수익금으로 의정부에 있는 양로원을 방문해 어르신들과 유희 시간도 갖고 준비해 간 떡국으로 함께 점심도 나누며 즐거운 시간을 가졌었다. 그때 함께한 어르신들 모두 지금은 고인이 되셨을 것이다. 입대를 며칠 앞두고 동아리 친구들과 1박 2일 함께한 경기도 가평에 있는 통방산 캠핑은 지금도 어제 일처럼 기억이 생생하다.

나는 입대로 인해 자연스럽게 동아리를 떠나야 했다. 다른 남자 친구들 역시 차례차례 입대하면서 동아리는 자연스럽게 해체되었다. 전역하고 복학했지만, 여학생들은 이미 졸업해 학교를 떠났고, 나보다 늦게 입대한 친구들은 아직 군에서 돌아오지 않았다. 그런데 남학생들도 돌아와 졸업과 동시에 각자의 길로 뿔뿔이 흩어지고 말았다. 다만 나를 포함, 세 명의 친구들은 지금도 일 년에 한두 번 정도 만나고 있지만, 두 명의 여학생과 두 명의 남학생은 졸업 후 한 번도 만나지 못했다.

여학생들은 결혼해 소재 불명이 되었고, 남자 친구 중 한 명은 30대 중반의 많지 않은 나이에 딸 하나를 세상에 남긴 채 암으로 이미 세상을 떠났기 때문이었다. 그리고 늘 과 수석을 했던 다른 한 명의 친구는 유난히도 수줍음을 잘 탔었다. 지금도 손으로 입을 가리며 웃던 그 친구의 해맑은 모습이 떠오른다. 그 친구는 대학 졸업 후 국내 굴지의 재벌 연구소에 입사해, 우리나라 최초의 폴더폰 개발에 한몫을 단단히 했었다. 그런데 그 과정에서 혹사당해 중병을 얻어 그만 쓰러지고 말았다. 그 후 지금까지 소재는 물론 생사조차 알 길이 없어 안타깝다.

다시 되돌릴 수 없는 시간이지만, 지금 곁에 없는 동아리 친구들이 몹시 그립고 보고 싶다.

홍천의 가을 풍경

낙엽을 보며 배우는 것 한 가지는
일생 동안 나는 어떻게 물들어 가야 하는지 떠날 때 보면 안다.

— 미상

계절의 변함없는 순환 법칙에 따라 매년 가을을 맞는다. 올해도 예외가 아니다. 지금 깊어 가는 가을, 아니 가을의 끝자락에 서 있다. 10월에 설악산에 벌써 눈이 내려 단풍과 함께 눈꽃이 피었다니, 정확히는 겨울의 초입(?)이라고 해야 할지도 모르겠다. 기온은 나날이 떨어지고 산과 들은 하루가 다르게 색깔을 바꾸며 오방색 단풍으로 물들다 지기 시작했다. 가을은 조락(凋落)의 계절이기도 하지만, 오곡백과가 풍성한, 사계절 중 색깔이 가장 아름다운 계절이기도 하다.

35년 전쯤의 가을로 기억된다. 제자들과 큰맘 먹고 내장산으로 단풍놀이하러 갔었다. 당시는 자가용이 없어 시외버스를 타고 가기로 했었다. 그런데 실수로 목적지가 아닌 곳에서 내리고 말았다. 그리고 그곳에서 몇 시간을 더 기다려야 다음 버스가 온다는 말에 난감했었다. 지나가던 마을 분에게 물으니 산 하나만 넘으면 내장산이라고 하여 장시간 버스를 기다리느니 차라리 걸어가는 편이 낫겠다 싶어 걸어서 산을 넘기로 했었다.

지름길을 찾아 걸었는데 설상가상, 이 길마저 잘못 들어 산을 하나가 아니라 두 개나 더 넘어야 했었다. 모처럼의 단풍놀이가 이래저래 고생길이 되고 말았었다. 그런데 제자들과 지쳐 도착한 내장산은 주말인 까닭에 넘쳐 나는 인파들과 관광버스, 승용차가 뒤엉켜 한마디로 난장판 그 자체였다. 결국, 단풍놀이 대신 사람 구경만 실컷 하고 돌아왔었다. 이 때문에 단풍놀이에 대한 낭만적인 추억이나 아름다운 기억이 별로 없다.

그런데 지금 사는 강원도 홍천은 며칠 전까지만 해도 굳이 설악산 단풍놀이를 가지 않아도 될 만큼 온갖 아름다운 단풍으로 장관을 이루었다. 인간으로서는 도저히 흉내 낼 수 없는, 신만이 표현이 가능한 온갖 색깔들의 향연이 하루가 다르게 매일매일 펼쳐졌다. 어디든 바라만 보고 있어도 그저 황홀했다. 특히 아침마다 산등성이를 타고 피어오르는 가을 물안개는 또 다른 신비한 풍광으로 한 폭의 산수화 그 이상이었다. 대도시에서 살다 아름다운 전원생활을 꿈꾸며 강원도 홍천에 새롭게 둥지를 튼 지 이제 두 해 남짓. 적응의 시기가 더 필요할지도 모르겠지만, 가을 단풍 하나만으로도 벌써 전원주택 짓느라 투자한 본전은 다 뽑은 듯싶었다.

지인들은 이구동성으로 강원도 산골에서 어떻게 사느냐고 기대 반, 우려 반 걱정이 태산이다. 그러나 얻는 게 있음 잃는 것도 있는 법 아닐까. 이미 다소의 불편은 각오했기 때문에 문제 될 게 없었다. 아니 어쩌면 마음먹기에 따라서는 그 불편함이 더 즐거운 일이 될지도 모르겠다. 어느 날 나를 품어 준 홍천의 자연은 사계절 내내 자신의 진솔한 모습을 보여 줄 테니 말이다. 봄의 싱그러운 연두색, 여름의 풍성한 신록, 가을의 황홀한 단풍, 그리고 겨울의 설경 등등…….

지금 가을의 끝자락에서 홍천의 자연은 내게 낮은 목소리로 속삭이고 있다.

"당신은 당신답게 정말 탁월한 선택을 했다."라고…….

마지막 수업

교육의 목적은 비어 있는 머리를 열려 있는 머리로 바꾸는 것이다.

— 말콤 포보스

중학생일 때 프랑스 작가 알퐁스 도데가 쓴 『마지막 수업』이란 소설을 감명 깊게 읽은 적이 있었다. 지금 줄거리를 다 기억할 수는 없지만, 철부지 어린아이의 눈을 통해 모국어를 빼앗기게 된 피점령국의 슬픔과 고통을 생생하게 그린 작품이었다.

물론 지금 같은 상황은 아니지만, 2018년, 필자 역시 36여 년 동안의 교직 생활을 마감하는 마지막 수업을 했다. 정년을 맞았기 때문이었다. 길다면 길고 짧다면 짧은 36년, 내 청춘을 온통 2세 교육에 다 바친 셈이었다. 그런데 막상 마지막 수업을 마치면 회한(悔恨)의 눈물이라도 날 줄 알았는데 그냥 시원섭섭하기만 했다. 이제 완전한 자유인이 된다는 사실 때문에 시원했었고, 사랑하는 학생들과 대학을 영원히 떠나야 한다는 사실 때문에 섭섭했었다. 그러나 어쩌겠는가. 어느 유행가 가사처럼 "가는 세월 붙잡을 수 없고, 흐르는 시냇물 또한 막을 수 없는 것"이 자연의 이치이자, 순리인 것을…….

되돌아보면 순탄치 않은 지난 36년 세월이었다. 군부 독재의 억압과 발호 속에 대학은 늘 휴교 상태였고, 학내 분규 또한 하루가 멀다고 일어났었다. 이 과정에서 사랑스러운 제자를 잃는 아픔을 겪기도 했었다. 87년 6월 민주항쟁으로 군부 독재가 종식되면서 대학들이 어느 정도 제자리를 찾았지만, 크고 작은 사건들이 여전히 학생들을 강의실이 아닌 거리로 내몰았었다.

그러나 지식인임을 자처한 교수들은 늘 침묵으로 일관했었고, 나 또한 그들 중 한 명이었다. 이런 까닭에 강의실에서 학생들을 향해 자유와 정의와 정도(正道)를 감히 말할 수 없었다. 그저 먼저 배운 얄팍한 지식 팔아먹는 장사치(?)에 불과했었다. 이런 사실들이 36년 교직 생활 마감과 함께 두고두고 주홍 글씨로 남게 돼 아쉽기만 하다.

그동안 학생들을 나 자신 스스로는 있는 힘껏 최선을 다해 가르쳐 왔다고 자부하지만, 아마 학생들의 생각은 다를지도 모르겠다. 부끄러움을 무릅쓰고 학생들에게만은 편법을 버리고 '원칙'을 지키며, '정도'를 가도록 가르쳤었다. 이를 위해서는 고독하고 외로운 싸움을 각오해야만 한다는 것도 함께. 그런데 오늘날 우리 사회에 반칙과 편법이 난무하는 까닭은 사리사욕과 이기심으로 인해 '정도'와 '원칙'을 무시하였기 때문이다.

이런 까닭에 제자 중 단 한 명만이라도 이런 내 진심을 이해하고, 실천해 주었음 바라는 마음이다. 아울러 36년 교직 생활을 무탈하게 마감할 수 있어 감사하며, 자유인으로서 제2의 인생은 더 멋지게 살고 싶다. 물론 앞으로 주어진 시간이 얼마나 남았는지는 알 수 없지만…….

산행의 즐거움

산을 정복하기 위함이 아닌, 우리 자신을 정복하기 위해 산에 오르는 것이다.
— 에드먼드 힐러리 경

몇 해 전 여름, 모처럼 시간이 나 아내와 전남 고흥군과 보성군에 걸쳐 있는 807m 높이의 제암산에 다녀왔다. 제암산의 정상에 임금 제(帝) 자 모양의 큰 바위가 우뚝 솟아 있어 이 모습을 보고 '제암산'이란 이름을 붙였는데 가뭄 시 기우제를 지냈던 신령스러운 산이다. 특히 제암산은 봄이면 철쭉, 여름에는 계곡 물놀이, 가을에는 억새꽃, 그리고 겨울에는 설화를 만끽할 수 있는 산으로 알려져 있기도 하다.

우리 부부는 평일 아침에 일찍 출발한 터라 시골 도로는 한적하다 못해 적막마저 느끼게 했다. 연일 폭염 주의보에도 불구하고 하늘은 구름이 조금 낀, 등산하기 딱 좋은 날씨였다. 광주에서 한 시간 남짓 달려 제암산 자연휴양림 주차장에 도착했다. 주차장 역시 한산한 채, 등산객은 우리 부부뿐이었다. 제암산에 도착하자 운무(雲霧)

가 제암산을 아래쪽부터 감싸며 서서히 피어오르기 시작했다. 산에 오를수록 우리 부부에게 어떤 비밀을 감추기라도 하듯 운무는 더 짙어져 갔다. 보성 득량만에서 발생한 해무가 바람을 타고 밀려와 산자락의 찬 공기와 만나 일어난 현상이 아닌가 싶었다.

그런데 우리나라는 국토의 70% 이상이 산으로, 약 4,440개의 산이 있다고 한다. 몇 년 전, 버킷 리스트를 작성하면서 죽기 전까지 우리나라 산 중, 높이 500m 이상 된 명산 1%를 오르는 항목을 포함했었다. 따라서 버킷 리스트대로라면 약 44개의 산을 올라야 한다. 아직은 건강하니 한 달에 하나씩 산을 오른다면 목표 달성은 그다지 어렵지 않을 것 같다. 나 자신 언제부터 산을 좋아하기 시작했는지 정확한 기억은 없다. 그러나 그동안에도 여러 산을 올랐지만 새로운 산에 오른다는 생각만으로도 산행은 늘 흥분되고 기대되는 일이었다. 어떤 산이든 그 산의 높낮이를 떠나 오를 때마다 늘 새롭고 신비한 세상을 가감 없이 보여 주기 때문이다.

제암산은 그동안 휴양림으로 잘 가꾸고 보존해 와 산림이 울창했다. 산행 내내 아름다운 숲속 길을 걷는 기분이 들 만큼 등산로는 초입부터 잘 정비돼 있었고, 오르는 내내 크게 가파른 구간 없이 평탄했다. 그런데 운무는 계속 짙게 피어올라 등산로를 제외하고는 모든 것을 삼켜 버렸다. 운무가 삼킨 산을 아내와 오르니 신선이 되어 구름 속을 거닐고 있는 듯한 묘한 착각마저 들었다. 정상에 가까울수록 거센 바람과 함께 운무가 더 세게 휘몰아쳐 참으로 기기묘묘

하고, 신비로운 풍광들을 연출하였다. 우리 부부는 운무의 소용돌이 속에 파묻힌 채 말없이 한참을 그대로 서 있었다.

점점 짙어지는 운무와 갑자기 불기 시작한 거센 바람 때문에 정상이 어디인지 분간이 어려웠다. 마지막 이정표에는 '현재' 위치와 '등산로'란 것만 간단히 표기돼 있었다. 결국, 이정표 밑에서 한참 고민하다 다음을 기약한 채, 정상 정복을 포기하고 하산했다.

그런데 산에 갈 때마다 늘 아쉬운 것은 이정표가 정확하지 않을뿐더러, 설치 개수 역시 많지 않다는 것이다. 제암산에 오르기 전, 어떤 산을 오르면서 이정표 믿고 무작정 따라갔다가 엉뚱한 곳이 나와 낭패를 본 적도 있었다. 관리 공무원들의 나태 때문인지, 무관심 때문인지는 모르겠으나 등산객들을 위해 이정표에 조금만 더 신경을 써 주었으면 좋겠다.

제암산 정상에는 오르지 못했지만, 운무로 인해 색다른 경험을 한, 그래서 더 멋진 추억으로 오래 기억될 것 같았다.

애주가의 사연

술 마시는 시간을 낭비하는 시간이라고 생각하지 말라.
그 시간에 당신의 마음은 쉬고 있으니까.

— 탈무드

술의 유래는 인류의 태동과 함께 시작된, 매우 오랜 역사를 갖고 있다. 중국에서는 석기(石器)에 담았던 것이 시작이라는 설이 있다. 서양에서는 스위스의 신석기 시대의 호상주거(湖上住居) 유적에서 과실의 씨앗이 발견돼 그 시대에 이미 과실주가 존재했었다는 것이 사실로 추정되고 있다.

나 자신, 언제부터 술을 마시기 시작했는지는 정확하지 않다. 1970년대 초 대학 다닐 때부터가 아니었나 싶다. 그 당시는 주로 막걸리를 마셨다. 맥주는 고급주에 속해 주머니 사정 때문에 자주 마시지 못했었고, 소주는 너무 독하고 마시면 탈이 나 마실 수 없었기 때문이었다.

그러나 정작 술을 본격적으로 배우고 마신 것은 군 복무 시절로 기억된다. 군에 입대해 처음 술을 마셨던 날의 기억이 새록새록 떠오른다. 처음 자대 배치를 받고 크리스마스이브에 본부 회식이 있었다. 연대 본부대대원은 30명 정도였고, 나는 갓 전입해 온 초짜 햇병아리 이등병 병사였다.

회식이 시작되자 대원들은 서열순대로 자리를 잡았고 서열에 따라 나는 당연히 맨 끝, 꼴찌 자리에 앉았다. 회식이 시작되자 전역을 한 달 정도 남겨 둔 왕고참부터 술잔이 순서대로 돌기 시작했다. 술잔은 돌고 돌아 결국 막내인 나에게까지 왔다. 왕고참은 회심의 미소를 짓더니 막소주를 큰 사발 가득 따라 주면서 마시라고 했다. 전입 신고식이라고 했다. 순간 아찔했다. 그때 왕고참이 말했다. "이이병, 너 이 술을 비우지 않으면 회식 후 전원 집합시킬 거야."라고 으름장을 놓았다. 선임병들의 눈길이 일제히 나에게 쏟아졌다. 당시 군에서 '집합'이란 빠따(몽둥이) 맞는 것을 의미했다.

그동안 마시면 늘 탈이 나 소주를 거의 마시지 않았었다. 그런데 나 때문에 대원들이 몽둥이찜질을 당해서는 안 된다는 생각 때문에 죽을 때 죽더라도 마시고 보자고 소주 한 사발을 단숨에 비웠다. 선임병들은 이런 나를 보고 안도의 손뼉을 쳤다. 그리고 회식이 끝날 때까지 나는 소주 두 사발을 더 마셨다. 그런데 참으로 묘했다. 막소주를 세 사발씩이나 마셨음에도 불구하고 그냥 냉수를 마신 것처럼 전혀 취기가 돌지 않았다. 술에 약한 고참병들은 토하고 난리였지만……. 나는 신병이었던 까닭에 아마도 정신력으로 버텼기 때문이 아니었나 싶다. 그 후부터 결국 나는 두주불사(?)의 애주가가 되었다. 지금까지 마신 술값을 저축했더라면 아마도 아파트 한두 채는 샀을 것이다.

그런데 술 마시는 것도 한때인 듯싶다. 팔팔하던 교수 시절, 어느 술자리에서 정년을 앞둔 선배 교수님 말씀이 요즘 정말로 실감 나기 때문이다. 당시 술을 강권하는 나를 향해 "이 교수, 너도 늙어 봐라. 나처럼 될 테니……." 요즘 들어 선배 교수님 말씀처럼, 나 역시 술 마시는 횟수나 양이 자연스럽게 대폭 줄었다. 젊은 시절에는 새벽까지 술을 마시고도 출근해 무리 없이 강의도 했었는데, 요즘은 어림없는 소리다.

아내는 술 취한 나를 보면 늘 한마디 한다. "이제는 건강을 생각하라."라고.

물론 지당하고 백번 옳은 말씀이지만, 나도 지지 않고 이에 응수한다. "내가 술 그만 마시겠다고 하는 날이 바로 저세상으로 가는 날."이라고…….

이런 날이 머잖아 결국 오고야 말겠지만, 오늘도 친한 벗들과 지난날 추억을 안주 삼아 한잔 술을 나누며 취하고 싶다.

젊음의 아이덴티티와 유통 기한

젊은 시절에는 하루는 짧고 1년은 길다.
나이를 먹으면 1년은 짧고 하루는 길다.

— 베이컨

청년기에 형성되는 인간관계가 평생을 좌우한다고 해도 과언이 아닐 것이다. 따라서 '청년기에 누구를 만나고 얼마나 깊은 유대 관계를 유지하는가'는 매우 중요한 일이다. 그러나 사람은 누구나 혼자서는 자신감과 아이덴티티를 확립할 수 없다. 자신감과 아이덴티티는 되도록 많은 사람과 교제하고 돈독한 관계로 발전하는 과정에서 확립되는 까닭이다.

특히 청년기는 친구와의 경쟁을 통해서 어린 시절의 아이덴티티를 새로운 아이덴티티로 종속시킬 때 비로소 완성된다. 따라서 청년들이 어른이 되기 위해서는 또래들과 거듭 교제하고 경쟁하면서 친밀한 인간관계를 형성해 가야 한다. 청년기에 맺은 인간관계는 짧은 시간에도 깊은 친밀감을 형성하고 또한 평생 유지될 수 있는 특징이 있다.

그리고 청년기는 친화력과 교제력을 기를 수 있는 최적의 시기이기도 하다. 청년기는 사회적 반경이 확대되어 가는 중간 단계로 이 시기를 미국의 정신분석학자 에릭 에릭슨은 "모라토리엄"이라고 정의했다. 모라토리엄의 사전적 의미는 "지급 유예 기간"이지만, 의무를 다할 준비가 되지 않았거나, 혹은 시간이 필요한 사람에게 주어지는 지연(遲延) 기간을 뜻하기도 한다. 즉 "모라토리엄"은 일반적으로 모호한 자아 속에서 정체성을 찾고 있는, 아직 성인이 되지 못한 단계라는 의미로 사용되고 있다.

청년기에 맺은 인간관계는 고대 동식물이 지층에 축적되면서 오랜 세월에 걸쳐 생성된 '석유'에 비유할 수 있다. 오랜 시간이 지난 후에도 솟아나는 에너지처럼 좋은 인간관계는 인생을 더욱더 풍요롭고 행복하게 해 준다. 그리고 의욕이 넘치는 청년기는 그만큼 다양한 도전도 할 수 있다. 따라서 청년기에는 열심히 대외적인 인간관계를 통해 시련을 경험하고 학습하면서 새로운 아이덴티티를 확립하고 사회로 나아가기 위한 자아를 단련시켜야 한다.

그러나 이 같은 단계를 제대로 밟지 않거나 소홀히 한다면 앞으로 반드시 뛰어넘어야 할 더 넓은 세상에 적응이 어렵게 된다. 이 때문에 사소한 어려움에도 쉽게 좌절하고 세상으로부터 도망쳐 버리는 청년들도 생긴다. 그런데 안타깝게도 요즘 20대들에게는 여유가 없어 보인다. 정확히 말하면 석유처럼 인간관계를 끈끈히 침전시켜 나갈 마음의 여유가 부족하다는 말이다. 코로나19도 한몫한 것은 틀림없는 사실이지만, 낭만과 치기를 잃어버린 대학가, 현실이 팍팍하다 보니 주위를 찬찬히 둘러보고 우정을 쌓아 갈 마음의 여유마저 잃어버린 것이다.

그러나 "위기는 곧 기회다."라고 했다. 이런 까닭에 청년기의 아이덴티티 위기를 새로운 자신감과 자부심을 획득할 수 있는 절호의 기회가 될 수 있도록 인간관계를 더 넓히고 내성을 강화해야 한다. 아이덴티티가 확고한 사람은 어떤 역경, 불행이 닥쳐와도 절대 좌절하지 않는다. 청년기의 아이덴티티는 미래를 향한 질주이며, 꿈꾸는 미래의 자신에게 보내는 아름답고 유용한 메시지다.

그런데 마트에서 파는 상품들처럼 "모든 젊음에는 유통 기한이 있다."라는 사실을 명심 또 명심해야 한다. 따라서 이리저리 기회만을 엿보며 시간을 낭비할 것이 아니라 어떤 악조건 속에서도 자신을 과감하게 던져 한 우물을 파 보는 것이다. 젊음이 있어 도전은 더 빛나고 아름다운 것이기 때문이다.

어느 봄날의 노래

겨울은 내 머리 위에 있으나 영원한 봄은 내 마음속에 있다.

— 빌 게이츠

은빛 날개를 가진 사랑을 찾아 젊은 가슴을 활짝 열고, 잿빛 세상의 슬픈 이야기보다는, 신문 사회면의 불유쾌한 이야기보다는, 온통 사랑으로 채색된 봄의 내음을 음미하며 사랑으로 수줍은 봄의 햇살이, 사랑으로 지는 봄의 노을이, 사랑으로 슬퍼 버린 너의 속삭임이 마음과 마음에 내리도록 하얀 도화지 가득 봄을 그리고 싶다.

이 찬란하고 아름다운 봄에 가장 아끼는 친구를 잃고, 가장 사랑하는 여인을 떠나보내야 한다면 차라리 그냥 겨울 그대로를 사랑하고 싶다. 봄은 봄 이외의 거추장스러운 옷을 입어서는 안 된다. 그것은 사랑하는 여인의 나신처럼 벌거숭이 봄 그대로를 사랑하고 싶은 까닭이다.

지난날 숱한 고난과 역경의 고비를 넘고 넘어 끊임없이 성숙시켜 온 젊은 우리들의 사랑을 단 한 번의 가슴앓이도 없이 현대화의 수

렁 속에 그대로 팽개쳐 버린다는 것은 참을 수 없는 위선이다. 비록 현대 젊은이들의 사랑 유희가 윙크 한 번에 술자리를 같이하고, 술 한잔에 잠자리마저 함께하는 저질 불량품 사랑이라 할지라도, 그리고 성냥개비처럼 그어 대기만 하면 확 탔다가 소리 없이 사그라드는 전혀 무감동한 일회용 사랑이라 할지라도 너와 나만은 이몽룡과 성춘향, 로미오와 줄리엣의 진솔한 사랑 이야기를 자랑스럽게 할 수 있어야 한다.

그러나 너무도 일찍이 양심과 이성을 저당당한 채 서구 문명의 하수인이 되어 황금과 물질로 사랑의 키를 재는 데 급급할 뿐, 굶주리고 헐벗은 이웃은 까맣게 잊어버린 채 사는 너와 나. 진실한 사랑이란 조건 없이 주는 것이라고 했는데 사랑을 주기도 전에, 아니 시작하기도 전에 사시의 눈으로 저울의 눈금만을 열심히 읽고 있는 너와 나.

너와 나는 왜 가진 자와 갖지 못한 자들의 틈바구니에서 관중을 의식한 곡예사처럼 승부도 나지 않는 아슬아슬한 인생 곡예를 하고 있는 것일까? 많이 가졌다고 해서 결코 행복한 것도, 덜 가졌다고 해서 반드시 불행한 것도 아닌데 말이다. 이미 너와 나는 영생할 수 없는 단 한 번의 생을 부여받은 유한자로서 한 시대를 함께 살아야 할 공동 운명의 배를 탄 사람들이다. 그런데 다른 이들이 우리 인생을 대신 살아 줄 수 있는 것처럼 막연한 착각 속에서 왜 이처럼 고달픈 항해를 계속하고 있는지 답답한 마음이다.

사랑이란 결코 꿈도 환상도 아닌, 너와 나의 만남에서 잉태되는 것이기에 마음과 마음이 부딪치면 그뿐, 달콤한 솜사탕처럼 길거리에 살 수 있는 것도, 남이 거저 가져다주는 것도 아니다. 이런 까닭에 사랑은 사랑 이상의 의미를 가져서는 곤란하다. 사랑이 황금을 사랑하고, 미모를 사랑하고, 권력에 아부했을 때 이미 그것은 사랑이 아닌 사랑을 가장한 타락일 뿐이다. 물론 사회의 윤리와 도덕을 한 잔 술에 마셔 버린 채 밤거리를 헤매는 화장기 짙은 천사들의 후예임을 자처하고 지금껏 그런 식으로 사랑을 학대해 왔다면 무슨 말을 더할 수 있으랴마는.

그러나 젊은 고백을 듣고 있는 앞으로도 사랑해야 할 너와 나만은 그런 인격의 소유자여서는 안 된다. 그것은 오직 사랑만을 위해 사랑을 하고 싶은 너와 나 모두에 대한 배신이자 모독인 때문이다. 애초에 인간은 사랑을 떠나 살 수도, 존재할 수도 없는 나약한 동물로 창조되었다. 그래서 사랑은 고귀하고 위대한 것이다.

이제 너와 나, 아름답고 성스러운 사랑을 위해 여자와 남자로서의 무거운 가면을 벗어 버리고 따사로운 봄의 침실에 마주 앉아 오직 사랑만을 위한 사랑의 찬가를 목청껏 불러야 한다. 너와 나, 한 줌 재가 돼 봄이 흐르는 강물에 뿌려지는 그날까지…….

젊은 날의 초상

세상에 젊음처럼 귀중한 것은 없다. 젊음은 돈과 같다.
돈과 젊음은 모든 것을 가능하게 한다.

— 고리키

"자신은 회복되어야 한다."

언제부터인가 매캐한 물질문명에 압도되어 잃어버린 자신에 대한 회복론이 열기를 뿜으며 타오르고 있다. 그 열기 속에서 숨 가쁘게 헤엄치고 있는 젊은 세대들. 과연 지금의 젊은 세대들은 행복한가, 불행한가 자문자답을 해 보지만 시원한 답은 없다. 다만, 일방통행로의 포장마차에 쭈그리고 앉아 젊음과 낭만을 한 잔 술에 깡그리 용해해 마셔 대고는 미친 녀석들처럼 껄껄댈 뿐이다. 왜 소리라도 고래고래 지르며 홍대 거리를, 강남 거리를 활보할 수는 없는 것일까?

한 철인들의 말을 빌리지 않더라도, TV 화면에서 날마다 광대놀음을 일삼는 사이비 지식인들의 넋두리가 아니더라도, 인간의 본질적인 속성을 헌신짝처럼 내팽개친 지 이미 오래다. 인간에게 가장 소중하고 성스러운 고귀한 사랑마저도 황금 앞에 타락한 영자의 신세로 전락하였다. 겉만 번지르르하게 철저하게 위장한 멋진(?) 인간들이 조물주라도 된 듯한 착각 속에서 인간의 값어치를 황금 몇 푼으로 계산하려 드는 현실. 이 현실에 순응이라도 하려는 듯 밤을 낮 삼아 인생 시험 답안 작성 연구에 꿈과 낭만을 온통 불태우고 있는 젊은 청춘들. 대학 졸업 후 연봉 얼마짜리로 평가될 것인가를 놓고 안절부절못하는 젊은이들. 꿈마저 포기한 채 아무렇게나 막사는 젊은이들이 그저 짠하고 가엾다.

어느 날, 버스에서 가슴을 뜨겁게 하는 내용의 카드를 돌리고 있는 한 소년을 만났다. 소년은 승객들로부터 카드를 한 장 한 장 다시 걷어 가면서 적선해 달라고 허기진 목소리로 애걸했다. 앵벌이인지, 정말 힘든 삶을 사는 소년인지 가늠할 수는 없었지만, 요즘 좀처럼 보기 드문 낯선 풍경이었다. 그러나 승객 중 그 누구도 선뜻 적선하지 않았다. 이것을 단지 몰인정한 세태 탓이라고 한탄해야 할까.

지금도 변함없이 연말연시만 되면 연례행사처럼 매스컴들은 앞다투어 불우이웃 성금 모금에 야단법석을 떨고 구세군 냄비는 지하도에서, 역 광장에서 거리의 천사들처럼 "보태 주세요, 도와주세요."라고 하며 온종일 종을 흔들어 댄다.

보릿고개 용케 이겨 내고 선진국이 되었다는데, 일 인당 국민 소득도 이미 3만 불이 넘었다는데, 왜 젊은이들만 여전히 겨울 한기를 느끼고 있는지 잘 모르겠다. 젊음을 느끼기도 전에 이미 시들어 겉늙은 어른이 되어 버렸고, 꿈도 낭만도 한 조각 구름처럼 정처 없이 흘러만 가는, 그래서 이것이 오늘날 방향 감각을 잃어버린 채, 방황하는 젊은이들의 이야기라면 너무 가엾고 슬픈 일이다.

그러나 모든 것을 포기하고 체념해 버리기엔 아직 충분히 늙지 않았고 황금보다 더 귀한, 한 번뿐인 젊은 청춘이다. 젊음의 꿈과 이상이 현실이란 무대에서 공연 금지를 당하고 있을지라도 결국, 인생은 빈손으로 왔다 빈손으로 가는 "공수래공수거(空手來空手去)"라 했다. 조금 잘살아 본댔자, 인생 답안지를 조금 잘 써 본댔자 그까짓 게 결코 대수로운 일은 아니다. 인생은 짧다지만 생각보다는 길며 살 가치 또한 충분한 까닭이다.

"역경에서 수양하라."라고 한 톨스토이의 말처럼 지금 주머니는 텅 비어 있어도 젊음이란 고귀한 재산을 소유하고 있는 한, 마음만은 젊은이다운 총명한 지혜와 용기로 가득 채워 저 하늘에 찬란히 타는 태양같이 구김살 없는 삶을 살아야 한다. 젊음은 바로 이 순간, 한때뿐이자, 미래 또한 젊은이들 것이니…….

2편

담장 밖 목소리

젊은이, 거시기해 봤어?

젊은 날의 매력은 결국 꿈을 위해 무엇을 저지르는 것이다.

— 앨빈 토플러

젊다는 것은 한 마디로 모든 것이 다 가능하다는 함의다. 모든 것이 다 가능하다는 것은 모든 것을 다 할 수 있다는 뜻이기도 하다. 이것이 바로 젊음이 갖는 특권이자, 혜택이다. 이런 까닭에 젊음을, 청춘을 낭비하는 것은 대단히 어리석은 일이자, 죄악이다. 특히 젊은 청년 시절은 인생의 가장 찬란한 황금기로서 이 황금기를 어떻게 설계하고, 또 보내느냐에 따라 한 사람의 인생이 좌우된다고 해도 결코 틀린 말은 아니다.

따라서 젊은 그대는 비전(Vision)을 가져야 한다. 비전이 없는 청춘, 젊음은 살아 있어도 시체나 크게 다를 바 없다. “꿈은 이루어진다.”라고 흔히들 말한다. 그러나 꿈 그 자체는 막연한 소망이나 바람일 뿐, 그 이상도 그 이하도 아니다. 이런 까닭에 행동과 실천이 수

반되지 않은 막연한 꿈은 몽상이나 망상에 지나지 않는다.

반면 비전은 꿈과 그 차원이 다르다. 비전은 '언제까지는 반드시 할 것', '언제까지 반드시 될 것' 등 확실한 기한이 있는 미래의 청사진이기 때문이다. 따라서 비전이 없으면 목표도 없는 셈이다. 목표가 없는 삶에 도전 또한 있을 리 만무하다. 재미는 더더욱 없다. 재미없는 일에서 능률과 창의성을 기대한다는 것은 그게 바로 연목구어(緣木求魚)다.

연목구어란 '나무에 올라 고기를 구하듯 불가능한 일을 하려고 한다.'라는 뜻이다. 따라서 꼭 이루어야 할 '꿈'이 있다면, 일생에 한 번쯤 '열정'을 불태워야 할 일이 있다면, 타의 추종을 불허하는 '성과'를 내고 싶다면, 주저하지 말고 지금 당장 시작해야 한다. 그리고 적어도 5년 동안 그 일에 매달려 끊임없이 노력하고 미쳐야만 마침내 성공할 수 있다.

미켈란젤로가 바티칸 궁전의 시스티나 성당 천장 벽화를 완성하는 데 약 5년 걸렸다. 콜럼버스가 산타마리아호를 타고 바하마, 쿠바, 북아메리카, 그리고 남아메리카 등 신대륙을 발견하는 데 꼭 5년이 걸렸다. 영국의 대문호 셰익스피어가 4대 비극(햄릿, 리어왕, 오셀로, 맥베스)을 집필해서 완성하는 데 역시 5년이 걸렸다. 다산 정약용이 논어, 맹자, 대학, 중용, 경세유표, 목민심서 등을 완성하는 데도 5년이 걸렸고, 김연아 선수도 피겨 스케이팅 주니어 대회 우승 5년 후 2010 밴쿠버 동계 올림픽에서 마침내 금메달을 획득했다.

이제부터라도 '나는 해도 안 된다.'라는 자포자기성 자기 비하 정신과 부정적인 생각부터 쓰레기통에 모두 버려야 한다. 시도도 해보지 않고 미리 겁을 먹거나 포기를 생각한다면 이미 승패는 결정된 것이다.

지금은 고인이 된 현대그룹의 창업자 정주영 회장은 "이봐, 해 봤어?"라는 말로 유명하다. 현대 조선을 창업한 1972년 당시, 세계 최대의 조선소를 짓겠다는 그의 말에 모두 "미쳤다."라고 조소하며 반대했었다. 그러나 정주영 회장은 자신의 계획에 대해 "안 된다."라는 답변이 돌아오면, 그는 입버릇처럼 말했다. "이봐, 해 봤어?"라고.

정주영 회장이 서거할 당시 미국 타임스지는 그를 "A Man Who Proved Many People Wrong."이라고 표현했다. 한마디로 그는 '다른 사람들이 불가능하다고 말한 많은 것들을 해낸 사람'이었다. 따라서 원하는 것을 얻으려면 그것을 마음속에 끊임없이 그리며 갈구하고 도전해야 가능하다. 상상할 수 없는 것은 시도할 수 없고, 시도할 수 없는 것은 얻을 수 없는 까닭이다. 로또가 맞길 원한다면 일단 로또 복권부터 사야 하는 이치와 같다.

미국의 존 그린리프 휘티어는 이 세상에서 말과 글로 표현할 수 있는 가장 슬픈 말로 "그때 ~~했었더라면 참 좋았을 텐데."를 꼽았다. "그때 ~~하지 않아 지금 후회스럽다."라는 뜻이다. 그렇다면 이 세상에서 가장 '행복'한 말은 바로 "그때 ~~했으니 지금 얼마나 다행인지 몰라."라고 할 수 있다.

"99% 사람들은 현재를 보면서 '미래'가 어떻게 될지를 예측하고, 1%의 사람만이 미래를 내다보면서 '지금' 어떻게 행동해야 할지 생각한다. 당연히 후자에 속한 1%의 사람만이 성공한다." 간다 마사노리의 말이다. 이런 까닭에 자신이 99%에 속할 것인가, 1%에 속할 것인가는 전적으로 젊은 그대가 선택할 그대의 몫임을 명심해야 한다.

"젊은이, 거시기해 봤어!", 늘 묻고 싶다.

N포 세대의 슬픈 자화상

당신이 지금 달린다면 패배할 가능성이 있다.
하지만 당신이 달리지 않는다면, 당신은 이미 진 것이다.

— 버락 오바마

N포 세대(N抛世代)는 꽤 오래전부터 유행하고 있는 신조어 중 하나로서 'N 가지를 포기'한 청년들을 지칭한다. 처음 삼포 세대로 시작돼 'N 가지를 포기한 세대'로 확장됐다. 삼포세대(三抛世代)는 '연애, 결혼, 출산' 등 3가지를 포기한 세대를 의미한다. 2011년 경향신문의 기획 시리즈 「복지 국가를 말한다」 특별취재팀이 처음 이 용어를 사용하였다.

오포 세대(五抛世代)는 '집'과 '경력'을 포함하여 5가지를 포기한 세대를 뜻한다. 칠포 세대(七抛世代)는 여기에 '희망'은 물론 '취미'와 '인간관계'까지 7가지를 포기한 것을, 구포세대(九抛世代)는 '신체적 건강'과 '외모'를 포함해 9가지를 포기한 세대를 일컫는다. 마지막으로, 십포 세대(10가지 포기 세대)나 완포 세대(전부 포기 세대)는 '생명'마저 포기하는 것으로, N포 세대의 절정이라고 할 수 있다.

대한민국의 많은 20~30대 젊은이들은 치솟는 물가, 등록금, 취업난, 집값 등 경제적·사회적 압박으로 인해 연애와 결혼을 포기하고, 설령 용케 결혼했더라도 출산마저 기약 없이 미루고 있다. 청년 세대가 겪는 경제적·사회적 압박감이 이와 같은 현상을 만들어 낸 것이다.

그런데 우리나라뿐만 아니라 유럽 등 여러 선진국에서도 비슷한 현상이 나타나고 있다. 우리나라의 삼포 세대를 일본에서는 '사토리 세대'로, 중국에서는 '탕핑족'으로 각각 부르고 있다. 그리스에는 '500유로 세대', 대만에는 '딸기 세대', 그리고 이탈리아의 '네네족' 등이 있다. 이들 세대 모두는 1980년대부터 1990년대 중반 사이에 태어난 청년들이다.

일본의 사토리 세대는 '득도한 세대'라고 달리 부르기도 한다. 대부분 1980년대 후반에 태어난 이들은 부모님 세대가 누렸던 경제 황금기를 전혀 경험하지 못한 채, 성인이 될 무렵 경제난 등으로 이런저런 어려움을 겪은 세대다. 중국의 탕핑족의 경우, '탕핑'이란 '바닥에 눕는다.'라는 뜻으로, 삶을 자포자기한 채 아무것도 하지 않고 산다는 의미를 포함하고 있다. 즉 탕핑족은 최저 생존 기준만을 유지하면서 사회에 착취당하는 노예이기를 거부하며 사는 세대다.

유감스럽게도 우리나라의 N포 세대는 삶마저 포기(?)하고 있어 상황이 더 심각하다. 밤낮으로 뛰며 힘껏 노력해도 취업도 안 되고, 결혼은 물론 집도 살 수 없기 때문이다. 이런 까닭에 열심히 아등바등 살아 봤자 희망이 없으니 되는 대로 '더충 살자.'라는 새로운 삶의 방식이 요즘 젊은이들 사이에서 유행병처럼 번지고 있기도 하다.

그러나 그 속내를 찬찬히 들여다보면 내 능력이나 노력에 의해서가 아니라 부모의 경제 수준이 청년들의 미래 삶을 결정짓고, 이것을 뒤집기엔 현실적으로 불가능한 슬픈 현실을 그대로 반영한 것이다. 이런저런 이유로 오늘날 결혼과 출산마저 의무가 아닌 선택이라는 의식이 청년들 사이에 팽배해 있다. 취업 자체를 아예 포기하고 부모님에게 얹혀살면서 무위도식하는 캥거루족 청년들도 하루가 다르게 늘어나고 있다.

그러나 기성세대는 꼰대 근성대로 젊은 청년들에게 더 열심히 하지 않기 때문에 그 모양, 그 꼴이라며 윽박지르고 나무랄 뿐이다. 말 그대로 '내로남불(내가 하면 로맨스, 남이 하면 불륜)'이다. 그래도 과거에는 사시(司試), 행시(行試) 등 국가고시를 통해 일정 부분 신분 상승과 함께 인생 역전도 가능했었다. 그러나 이 신분 상승용 사다리마저도 로스쿨이 등장하고 직업 대물림과 직장 세습이란 가진 자들만의 암묵적 밀약이 알게 모르게 사회 곳곳에 독버섯처럼 똬리를 틀면서 일반 청년들에게는 그림의 떡이 되고 말았다. "개천에서 용 난다."라는 말 역시 옛말이 된 지 이미 오래됐다.

그런데 노령 인구가 하루가 다르게 늘어나고 있는 마당에 젊은 청년 세대가 꿈마저 포기한다면 암울한 미래가 있을 뿐이다. 따라서 젊은 세대의 의욕을 북돋기 위한 대책을 하루빨리 마련해야 한다. 청년들에게 질 좋은 일자리를 제공하고, 학력이나 신분과 상관없이 노력한 만큼 보상이 주어지는, 우리나라가 공평무사한 사회란 인식을 끊임없이 심어 주어야 한다. 청년 세대가 희망으로 넘쳐야 국가의 미래도 있는 까닭이다.

"최선을 다해 열심히 사는 게 진리라고 믿었어요. 10분만 더 오르면 정상이라고 해서 참고 열심히 올랐는데, 끝없이 계속 산만 오르는 느낌이 들더라고요. 억울해서 더는 열심히 살지 않기로 했습니다." 어느 청년의 슬픈 넋두리가 오늘은 왜 이처럼 가슴을 후벼 파는지 모르겠다.

불량 운전자들

예의와 타인에 대한 배려는 푼돈을 투자해 목돈으로 돌려받는 것이다.

— 토머스 소엘

우리나라의 자동차 보유 대수는 2,575만 대(2023년 상반기 기준)를 넘어섰다. 인구 1.99명당 한 대꼴로 자동차를 소유하고 있는 셈이다. 보릿고개를 겪던 때가 엊그제였는데, 유엔무역개발회의(UNCTAD)가 2021년 우리나라 지위를 개발도상국에서 선진국 그룹으로 변경했다. UNCTAD가 1964년 설립된 이래 개발도상국에서 선진국 그룹으로 지위를 변경한 나라는 대한민국이 처음이다. 이제 우리나라는 개발도상국에서 벗어나 당당히 선진국 대열에 합류하게 된 것이다. 무역 규모 세계 8위(2021년), 경제 순위 세계 10위(2022년), 2017년에 국민 1인당 GDP가 3만 달러를 이미 넘어섰으니 그리 놀랄 일도 아니다.

그러나 고속도로는 물론 국도에서의 운전자들의 운전 습관은 여전히 후진국 행태(行態)를 벗어나지 못하고 있어 창피하고 안타깝다. 도로를 달리다 보면 좌우 깜빡이를 켜지 않은 채 끼어들기를 밥 먹듯 하는 운전자가 부지기수다. 추월 차선을 주행 차선으로 아는지 추월 차선에서 유유자적 달리기도 하고, 담배를 피우다 창밖으로 던져 버리는 몰상식한 운전자들 또한 심심찮게 목격할 수 있다. 그럴 때마다 당장 쫓아가 주의라도 주고 싶은 마음 굴뚝같은데 보복 운전이 두렵기도 하고 또 자칫 대형 사고로 이어질까 봐 분통만 터뜨리다 만다.

어디 그뿐일까. 과속, 신호 위반, 난폭 운전, 적재 불량 화물차들의 곡예 운전, 그리고 차 꽁무니에 바짝 붙어 상향등까지 깜빡거리며 위협 운전을 일삼는 조폭(?) 운전자들도 흔히 만날 수 있다. 주·정차 문화 또한 예외가 아니다. 회전하는 모퉁이, 건널목 위, 소화전 앞, 그리고 주·정차 금지 팻말이 버젓이 서 있음에도 아랑곳하지 않고 주·정차를 해 댄다. 나만 편하면 된다는 식의 배짱에 혀를 내두를 정도다.

윤창호법이 공포·시행되고 있으나 음주 운전 또한 하루가 멀게 일어나고 있어 여전히 심각하다. 경찰에서 음주 운전 단속을 사전에 알리고 단속에 들어가지만, 음주 운전자는 크게 줄지 않고 있다. 그런데 음주 운전은 본인만 피해를 보는 것이 아니라, 무고한 타인의 생명을 빼앗고 피해자 가족들의 인생마저 한순간에 망가뜨려 버리기 때문에 살인 행위나 다를 바 없다.

도로 위에서 왜 이런 일들이 다반사로 일어나고 벌어지는 것일까? 무엇보다도 운전면허를 너무 쉽게 취득할 수 있는 현행 운전면허 시험 제도 때문이다. 운전면허 시험 제도가 까다롭기로 유명한 뉴질랜드의 경우, 러너 면허(Learner Licence), 조건부 면허(Restricted Licence), 완전 면허(Full Licence) 등 3단계를 거쳐야만 최종 운전면허를 취득할 수 있다. 그리고 나이에 따라 약간의 차이는 있으나 3단계 완전 면허를 취득할 때까지 대략 3년 정도의 기간이 소요된다.

반면 우리나라는 3시간만 교육받으면 누구나 운전면허를 취득할 수 있다는 우스갯소리가 있을 정도니, 유구무언이다. 타인을 전혀 배려하지 않는, 나만 편하면 된다는 '개인주의 의식' 역시 사회 전체적으로 알게 모르게 팽배해 있기 때문이기도 하다. 여기에 교통법규 위반 시 솜방망이 처벌과 낮은 범칙금도 얌체, 불량 운전자 양산에 한몫하고 있다.

'빨리빨리' 서두르고 재촉하는 조급증 문화도 여전하다. 못 먹고 못살던 시절에는 모든 것을 빨리빨리 해결해야 그나마 먹고살 수 있었다. 그러나 지금은 선진국으로서 모든 것이 지나치게 넘쳐 나고 풍족한 세상이다. 그런데도 운전 버릇은 좀처럼 이 같은 빨리빨리 문화에서 벗어나지 못하고 있다.

이제부터라도 선진국들처럼 운전면허 취득 시험을 대폭 강화하고, 운전 예절 교육도 일정 기간마다 의무적으로 실시해야 한다. 그리고 도로에 나서는 운전자 모두가 조금은 여유로운 마음가짐으로 타인을 먼저 배려한다면, 교통 선진국으로 거듭나는 일은 그리 긴 기간이 필요치 않을 듯싶다.

그러나 현재와 같은 꼴불견, 얌체 운전 버릇을 버리지 못하는 한 그 길은 멀어 보인다.

코로나19의 불편한 진실

자연과 가까울수록 병은 멀어지고, 자연과 멀수록 병은 가까워진다.

— 괴테

신종 코로나바이러스 감염증(코로나19)은 2019년 12월, 중국 우한에서 처음 그 모습을 드러냈다. 그러나 각국의 코로나19 기원에 관한 연구가 상반된 결과를 내면서 이에 대한 갈등 또한 격화되고 있는 형국이다. 영국의 가디언지는 여러 과학자의 말을 인용해 코로나19 사태의 근본적인 원인은 인류가 야생동물 서식지를 파괴한 데에 있으며, 코로나19 바이러스의 중국 우한 연구소 유출론은 과학적이라기보다는 정치적이라고 주장한 바 있다. 따라서 1918년에 처음 발생한 스페인 독감이 정확히 언제 어디서 어떻게 시작되었는지 모르는 것처럼 코로나19의 기원 규명 역시 미궁에 빠질 가능성이 커 보인다.

어찌 됐든 21세기 뜬금없는 코로나19의 등장은 인류에게는 큰 비극이자 대재앙임은 부인할 수 없는 사실이다. 코로나19는 전 세계 곳곳에 자신의 흔적을 진하게 남기면서 인간의 목숨을 수시 때때로 앗아 가고 그 끝을 예단할 수 없는 현재 진행형인 까닭이다. 특히 코로나19 팬데믹은 인간관계를 축소하고 단절시키면서 세상마저 전혀 다른 세상으로 바꾸어 버렸다.

그러나 코로나19 감염으로 인한 세계적인 혼란은 아이러니하게도 환경과 기후에 지대한 영향을 미쳤다. 나라마다 감염 확산을 우려한 국민의 외부 활동 제한과 해외여행 금지는 많은 지역에서 대기와 수질오염의 대폭적인 감소를 동시에 가져왔기 때문이다. 코로나19 등장 이후 파괴되었던 오존층 일부가 회복되었다는 연구 결과도 있다. 오존층은 대기층의 성층권, 즉 지표면에서 20~25km 높이에 존재하는데 태양 자외선의 약 99%를 흡수하여 지상의 생명체를 보호하는 중요한 역할을 하고 있다.

혹여 운 좋게 코로나19가 종식된다고 하더라도 팬데믹 이전의 모습으로 완전한 회기는 어려울 것으로 보인다. 따라서 매년 맞는 독감 예방주사처럼 코로나19 예방 백신 주사를 수시 때때로 맞아 가면서 더불어 가야 하지 않을까 싶다.

그런데 1346~1353년 사이에 유행한 페스트(흑사병)는 당시 유럽 전체 인구(약 6억 명) 중 3분의 2(60%)의 생명을 앗아 갔다. 특히 가장 크게 창궐하던 시기에는 프랑스, 스페인, 이탈리아 등 남부유럽 인구 80%가 페스트로 인해 사망하기도 했다. 19세기(1855년) 중국 윈난성에서 처음 발생해 유행한 페스트는 인도와 중국 두 나라에서만 1천2백만 명 이상의 목숨을 앗아 갔다. 그리고 1989~1990년에 창궐한 스페인 독감은 팬데믹 기간 1년 동안 우리나라 인구수와 맞먹는 5천만 명의 생명을 앗아 가기도 했다.

그러나 그동안 세계를 휩쓴 질병은 이들뿐만이 아니다. 최근 100년간 바이러스성 질병은 10여 차례나 창궐한 바 있다. 대표적인 질병으로 14세기 페스트(흑사병), 19세기 콜레라, 1918년 스페인 독감, 1957년 아시아 독감, 1968년 홍콩 독감, 1981년 후천성 면역결핍 증후군(에이즈), 2003년 사스, 2009년 신종플루, 2012년 메르스, 2013년 에볼라, 그리고 여전히 현재 진행형인 2019년 코로나19 등이다.

그동안 의학과 과학의 눈부신 발전에도 불구하고, 지금까지 인류가 정복한 질병은 천연두 정도에 불과하다. 한때 질병 퇴치를 위한 항생제와 백신 개발, 그리고 경제적 풍요 등으로 전염병의 시대는 끝난 듯 보이기도 했다. 그러나 곧 에볼라, 에이즈 같은 새로운 질병이 나타났고, 항생제에 내성이 생긴 슈퍼 박테리아도 출현했다. 지금 코로나19에 대한 여러 가지 형태의 백신이 개발되고 있으나 다양한 변이 바이러스 출현으로 인해 여전히 불완전(不完全)하다. 이런 까닭에 질병 완전 퇴치는 앞으로 인류가 해결해야 할 장기적인 과제지만, 갈 길은 멀어 보인다.

바이러스성 질병은 주기적으로, 때로는 어느 날 갑자기 재앙으로 나타나 인류에게 경고의 메시지를 보내고 있다. 세계보건기구마저도 21세기를 '전염병의 시대'로 규정해, 이래저래 인류는 지금 커다란 위기에 직면해 있다. 특히 현재 진행형인 코로나19라는 재앙이 인류에게 이 같은 사실을 극명하게 보여 주고 있다. 이것이 바로 인류를 향한 코로나19의 '불편한 교훈'이자, 자연의 질서 앞에 인간이 절대 오만해져서는 안 되며, 겸손해야 하는 이유이기도 하다.

장마와 지구 온난화

자연계에서 등을 돌리는 것은 결국 우리 행복에서 등을 돌리는 것과 같다.

— 새뮤얼 존슨

우리나라의 장마는 대체로 6월 하순에 시작하여 7월 하순에 끝난다. 남부에서 북부로 갈수록 늦어지는 경향이 있다. 그 시작일과 종료일 또한 매우 불규칙적이다. 일찍 시작된 경우는 6월 8일에 시작된 해(1971년)도 있으나 늦어진 경우는 7월 5일에야 시작된 해(1982년)도 있었기 때문이다. 통상적으로 7월 하순이면 전국적으로 장마가 끝난다.

그러나 어떤 해에는 북상하던 장마전선이 일시적으로 다시 남하하면서 '되돌이 장마'를 초래하기도 한다. 이때는 저수지와 댐, 지표 상태 등이 포화 상태가 돼 물난리를 겪기도 하고, 전국적으로 휴가철이 시작돼 산간의 계곡 등에서는 야영객들이 고립되는 상황도 발생한다.

2019년 장마의 경우 기상청의 처음 예보와 달리 역대 최장기간 장마로, 54일 동안이나 계속되면서 전국 곳곳에 큰 피해와 상처를 남겼다. 설상가상 여기에 태풍까지 가세해 피해를 더 키웠다. 비가 내린 날도 28.3일로 평년보다 10일 이상 더 길었다. 이 기간에 1년치 강우량과 맞먹는 폭우가 쏟아져 마을 전체가 물에 잠기고 산지에서는 산사태로 집들이 형체도 없이 사라지기도 했다. 한 마디로 다른 해와 전혀 다른 양상의 기후 재앙과도 같은 긴 장마가 순식간에 한반도를 휩쓸었다.

그런데 2019년 장마와 같은 기록적 집중호우는 '지구 온난화'로 인해 해수면 온도 상승과 같은 기후변화와 맞물려 발생한 것이다. 앞으로도 더 자주 빈번하게 반복될 수 있다는 것이 전문가들의 한결같은 견해다. 지구 온난화 때문에 사람은 물론 지구 모두 몸살을 앓고 있는 셈이다. 이런 까닭에 지구 온난화는 현 인류가 직면한 가장 큰 위기이자, 재앙이라는 데에 이견(異見)이 없다.

지구 온난화는 사람의 활동에 수반하여 발생하는 온실가스가 대기 중에 축적되면서 온실가스 농도를 증가시켜 지구 전체적으로 지표 및 대기의 온도를 추가 상승시키는 현상이다. 따라서 온실가스가 바로 지구 온난화의 주범이라고 할 수 있다. 온실가스는 이산화탄소(CO2), 메탄(CH4), 아산화질소(N2O), 수소불화탄소(HFCs), 과불화탄소(PFCs), 육불화황(SF6) 등이 적외선 복사열을 흡수하거나 재방출하여 온실효과를 유발하는 대기 중의 가스 상태의 물질을 총칭한다.

전문가들의 연구 결과에 따르면 지구 온난화로 인해 기온이 2도 상승하면 빙상이 붕괴하기 시작하고 지구 인구 4억 명 이상이 물 부족을 겪게 되며, 적도 지방의 주요 도시는 사람이 살 수 없는 곳으로 변하고 만다. 기온이 3도 상승하면 남부 유럽은 영구적인 가뭄에 시달리게 되며, 매년 들불과 산불로 불타는 지역이 지중해 지역에서는 지금보다 2배, 미국에서는 6배나 더 늘어나게 된다. 기온이 4도 상승하면 라틴아메리카에서는 뎅기열 발병 사례가 800만 건 이상 증가하고 식량 위기가 거의 매년 전 세계를 덮치게 된다. 불행하게도 이 같은 지구 온난화는 공중 보건, 국가 간 충돌, 정치, 식량 생산, 대중문화, 도시 생활, 그리고 정신 건강 등 다양한 측면에 영향을 미칠 것으로 예견된다.

따라서 지구 온난화의 주범인 온실가스 배출량을 줄여야 한다. 온실가스 배출량을 줄이기 위해서는 연탄, 석유와 같은 화석 연료 사용 전면 금지, 에너지 절약, 폐기물 재활용, 환경친화적 상품 사용, 친환경 에너지 개발, 소, 양 등의 방귀에서 배출되는 메탄가스를 줄일 수 있는 대체 육(肉) 개발, 그리고 냉난방을 위한 가스보일러 대신 히트펌프 보급 등이 먼저 필요하다.

국제 사회는 지구 온난화에 따른 기후변화에 대응하고자 1992년 6월 유엔 환경개발 회의(UNCED)에서 기후변화협약(UNFCCC)을 채택하고, 1997년 12월 교토의정서를 2005년 2월에 발효시켰다. 당시 협약 당사국 총회에서는 2008년부터 2012년까지 온실가스 배출량을 1990년보다 약 5.2% 정도 줄이기로 결의한 바 있다. 그러나 결의가 구속력이나 강제성이 없어 10여 년이 지난 지금까지 크게 달라진 것이 없다. 우리나라를 포함 미국, 중국, 일본, 러시아, 그리고 인도 등 다수의 국가에서 온실가스를 여전히 다량으로 배출하고 있지만, 각국의 첨예한 이해관계로 인해 감축 노력에는 소극적이기 때문이다.

설령 2100년까지 지구의 기온을 1.5도나 2도 상승하는 선에서 붙들어 둔다 해도 현재와 같은 상황을 획기적으로 개선하지 않는 한 지구 온난화는 생각보다 훨씬 더 심각한 문제를 초래할 것으로 보인다. 특히 지구촌 곳곳에서 시시때때로 발생하고 있는 가뭄, 기근, 홍수, 태풍, 대형 산불, 폭우, 그리고 질병 등 엄청난 자연재해 모두가 지구 온난화에 기인한다는 점에서 강 건너 불구경하듯 수수방관할 일이 결코 아니다.

그런데 지구의 주인은 인간만이 아니다. 모든 동식물이 저마다 주체적 생명력을 지니고 지구에서 살 권리를 갖고 있다. 그런데도 인간들의 독주와 독단으로 인해 동식물의 대규모 멸종 사태가 초래되고 생물 다양성 역시 급격히 감소하고 있어 상황이 심각하다. 결국, 인간들의 끝없는 탐욕과 이기심 때문에 지구가 나날이 병 들어가고 있는 셈이다. 그런데 한번 망가진 지구를 원상회복하기 위해서는 천문학적인 비용과 시간, 그리고 노력이 필요하다.

더 늦기 전에 선·후진국을 불문하고 지구 온난화의 주범인 온실가스 배출량을 줄이는 데 더 적극적으로 발 벗고 나서야 한다. 태초의 아름다운 지구는 아닐지라도, 황폐한 지구, 병든 지구, 동식물마저 살기 어려운 상처투성이의 훼손된 지구를 후손들에게 물려줄 수 없는 까닭이다. 특히 지금과 같은 기성세대의 무책임한 직무 유기는 하나뿐인 지구에 대한 심각한 테러이자, 후손들의 미래의 삶마저 송두리째 짓밟고 망가뜨리는 씻을 수 없는 범죄 행위일 뿐, 그 이상도 그 이하도 아니다.

학교 폭력과 용서

용서하지 않는 사람은 자기가 지나가야 할 다리를 파괴하는 사람이다.

— 조지 허버트

'학교 폭력'이 사회문제가 된 것은 어제오늘의 일이 아니다. 지금도 심심찮게 학교 폭력 사례가 매스컴이나 SNS 등을 통해 세상에 알려지면서 공분(公憤)을 사고 있다. 학교 폭력은 어떤 경우에도 용납되거나, 미화되어서는 안 된다. 왜냐하면, 가해자와 달리 그 후유증과 상처가 알게 모르게 남아 피해자에게 평생토록 고통을 주기 때문이다. 그뿐만 아니라 학교 폭력을 견디지 못하고 귀중한 생명마저 버리는 경우도 심심찮게 발생하고 있어 가족은 물론 세인들의 마음마저 아프게 하고 있다.

그런데 초·중등학교 시절의 학교 폭력 사실이 세상에 알려지면서 가해자로 지목된 유명 프로 운동선수, 감독, 인기 연예인들이 자의 반 타의 반으로 코트와 연예계를 떠나고 있어 안타깝다. 물론 과거의 일이든, 현재의 일이든 진실은 밝혀져야 옳다. 그러나 한편으로 이들이 사회적으로 유명인이 아니었다면 무탈하지 않았을까 싶어 씁쓸하기도 하다.

'학교폭력예방 및 대책에 관한 법률 제2조 제1호'에 따르면, "학교 내·외에서 학생을 대상으로 이루어지는 상해, 폭행, 감금, 협박, 약취 유인, 명예훼손, 모욕, 공갈, 강요, 집단따돌림, 강제적인 심부름 및 성폭력, 사이버 따돌림, 정보통신망을 이용한 음란·폭력 정보 등에 의하여 신체·정신 또는 재산상의 피해를 수반하는 행위 일체"로 학교 폭력을 정의하고 있다. 학교 폭력을 이처럼 따로 자세하게 정의하고 있는 까닭은 절도나 흡연, 음주, 도박 등 여타의 청소년 범죄와는 달리 직접적인 피해 당사자가 존재하기 때문이다.

교육부와 17개 시도교육감이 초·중·고등학교(초4~고2) 295만 명을 대상으로 벌인 '2020년 학교 폭력 실태 조사(전수조사)' 결과 발표를 보면, 전체 피해 응답률은 0.9%로, 2019년 1차 조사(2019.4.1.~2019.4.30.) 대비 0.7%P 감소한 것으로 나타났다. 피해 유형별 비중은 언어폭력(33.6%), 집단따돌림(26.0%), 사이버 폭력(12.3%) 순이었으나 2019년 1차 조사와 비교해 사이버폭력(3.4%P), 집단따돌림(2.8%P)의 비중은 증가했다. 수치상 학교 폭력은 줄어드는 추세지만, 여전히 존재하고 있다.

그런데 1960~1970년대 필자의 학창 시절에도 소위 '깡패'라고 부르는 학생들에 의해 저질러지는 학교 폭력은 존재해 그 뿌리가 깊다. 그러나 오늘날처럼 조직적이고 잔인하며 엽기적인 다양한 방법의 학교 폭력은 상상할 수 없었다. 기껏해야 끼리끼리 힘겨루기 패싸움을 하거나 소규모 금품을 갈취하는 정도였다. 그러나 그동안 급변하는 사회 환경과 더불어 학생들의 이런저런 욕구 불만이 다양하게 분출되면서 오늘날과 같은 상상하기조차 어려운 행태의 학교 폭력이 독버섯처럼 자라 온 셈이다. 여기에 공주와 왕자처럼 비정상적으로 양육된 아이들과 삐뚤어진 모성애와 부성애도 한몫하고 있음을 부인키 어렵다.

항간에 밝혀지고 있는 학교 폭력 사례를 보면, 대부분 최근이 아닌 초·중등학교 철부지 어린 학창 시절에 빚어진 일들이다. 따라서 폭력이 발생한 그 당시에 어떤 식으로든 사실을 밝히고 해결했어야 옳았다. 물론 국가수사본부장으로 임명되었다가 아들의 고등학교 시절 학교 폭력 문제가 불거져 결국 낙마한 정 아무개 변호사와 같은 매우 특수한 사례도 있지만…….

그런데 수년 또는 십수 년 지난 지금에 와서야 지난날의 학교 폭력을 마녀사냥식 여론몰이로 가해자에게 책임을 묻고, 사회로부터 퇴출하는 것은 지난날 피해자가 이제는 가해자가 되는, 또 다른 '사회 폭력'은 아닌지 모르겠다. 이미 학교 폭력으로 낙인찍힌 가해자들 또한 피해자와 똑같은 한 인간으로서 앞으로 살아갈 날들이 창창한 청춘들인 때문이다. 그런데 학교 폭력은 공소시효마저 없어 가해자를 구제할 마땅한 방법 역시 없다는 데 문제의 심각성이 있다.

따라서 지금은 피해자와 가해자 모드 용서와 화해가 절실히 필요한 때다. 물론 피해자가 학교 폭력 가해자를 용서한다는 것은 결코 쉬운 일이 아닐 것이다. 결단과 용기가 필요하다. 그렇다고 지난 과거의 아픈 상처를 평생 안고 살 수도 없는 노릇이다. 그것은 또 다른 고통이자, 피해자 자신을 스스로 옥죄는 올가미인 까닭이다. 따라서 피해자 자신을 위해서라도 이제는 가해자에게 손을 내밀어 용서하고 포용해야 한다. 그리고 그들과 함께 손잡고 가야 한다. 물론 선택은 전적으로 피해자 몫이다.

"어리석은 자는 용서하지도, 잊지도 않는다. 순진한 자는 용서하고, 잊는다. 현명한 자는 용서하나, 잊지는 않는다." 토머스 사즈의 말을 한 번쯤 깊이 음미해 볼 일이다.

수저 계급론

당신의 운명은 운이 아니라 당신의 선택에 의해 결정되는 것이다.

— 잭 웰치

우리 사회에 '금수저', '흙수저'란 신조어가 등장한 것은 그리 오래되지 않았다. 최근에는 금수저 위에 다이아몬드 수저도 등장했다. 다이아몬드 수저, 금수저, 그리고 흙수저는 부모의 재산이나 후광을 얼마나 입었는지가 두 단어를 가르는 기준이다. 즉 다이아몬드 수저와 금수저란 부모 잘 만나 평생 큰 노력이나 큰 고생 없이도 잘 먹고 잘살 수 있는 사람을, 흙수저는 부모로부터 물려받을 것도 별로 없는, 어디에도 비빌 데가 없는 젊은이들을 지칭한다. 21세기에 등장한 때아닌 수저 계급론은 우리 청년들의 자조적(自嘲的)인 모습을 풍자한 것이다. 내 능력이나 노력에 의해서가 아니라, 부모의 경제 수준이 자녀의 미래 삶을 결정짓고, 이것을 뒤집기엔 현실적으로 불가능하다는 우리 사회의 슬픔 담론이기도 하다.

동국대 김낙년 교수가 2000~2013년 국세청의 상속세 자료를 분석한 '한국 사회의 부의 분포도' 추정 논문이 흥미롭다. 논문의 주요 내용을 보면, 2013년 20세 이상 성인을 기준으로 자산 상위 10%가 우리나라 전체 자산의 66%를 보유하고 있는 것으로 나타났다. 그리고 자산 상위 1%는 전체 자산의 26%를 차지하고 있으며, 상위 1%의 평균 자산은 24억 원으로 조사됐다. 따라서 이 범주에 속하면 그야말로 '금수저'를 물고 태어난 셈이다. 10년이 지난 지금은 이 같은 관계는 더욱 심화됐을 것으로 추측된다.

반면 하위 50%가 가진 자산 비중은 고작 전체의 2%로, 하위 50%는 이 2%의 자산을 놓고 서로 잘살아 보겠다고 아옹다옹하고 있는 슬픈 현실이다. 따라서 이들에게는 희망이 거의 없어 보인다. 그 까닭은 소득 불평등보다 부의 불평등 속도가 점점 더 빨라지고 있기 때문이다. 피와 땀의 순수 노동으로 벌어들인 소득보다 이미 가진 부로 벌어들이는 돈이 더 빨리, 더 많이 불어나는, 결국 돈이 돈을 벌어들이고 있는 세상이 된 것이다. 여기에 정치인 집안은 정치인을, 의사 집안은 의사를, 학자 집안은 학자를 배출하는 등, 부의 대물림에 이어 '직업의 대물림'도 알게 모르게 이루어지고 있다. 물론 가난 역시 대물림되고 있다.

우리나라는 소득과 부의 불평등에서 OECD(경제협력개발기구) 국가 중 최하위권이다. 조세를 통한 빈곤 감소 효과와 소득 재분배 효과 역시 OECD 평균의 4분의 1 수준에 머물고 있다. OECD

에 따르면 2020년 한국의 법인세 최고세율은 27.5%(지방세 포함)로 OECD 36개 회원국 중 9번째로 높은 것으로 나타났다. 소득세와 비과세 혜택 또한 고소득층과 대기업에 집중돼 있어, '부익부 빈익빈' 격차를 더욱더 심화시키는 비정상적인 구조로 돼 있다. 이런저런 이유로 'N포 세대'로 일컬어지는 20~30대 청년 실업 또한 매우 심각한 수준이다. 결국, 경기 침체로 실업률이 증가해 취업 경쟁이 치열해지고, 비정규직 등 불안정한 고용 형태가 늘어난 것이 N포 세대의 등장 배경이기도 하다.

결혼한 청년층도 예외가 아니다. 출산 휴가나 경력 단절 문제, 사교육비 등에 부담을 느껴 출산을 미루거나 피하는 현상도 늘고 있기 때문이다. 그 결과 인구 절벽 문제가 현실화되고 있다. 어떤 학자는 청년 실업으로 인해 사장되는 유휴 인력의 잠재력을 10조 원 이상으로 평가했다. 그런데 더 심각한 문제는 이들 세대 문제가 다음 세대까지 면면히 이어진다는 점이다. 특히 청년들이 삶에 대한 불확실성으로 '희망과 꿈'을 상실했을 때, 우리의 미래를 올곧게 이끌어 갈 원동력 역시 기대할 수 없다는 데 문제의 심각성이 있다.

『능력주의는 허구다』를 공동 집필 한 스티븐 J. 맥나미와 로버트 K. 밀러 주니어는 그들의 저서에서 "그동안 개천에서 용 나는 사다리로 인식돼 온 학교와 교육도 불평등을 대물림하는 데 일조하는 야만적인 시스템이다. 보편적 교육은 확대됐지만, 양질의 우수한 교육을 받을 기회는 갈수록 차별적이다. 그뿐만 아니라 대학이 불평등한

출발점을 재생산해 내고 있다."라고 썼다.

따라서 소득 불평등과 양극화를 해소하고 향후 복지 국가로의 발전을 위해서는 '과세 공평성' 강화가 필수다. 그리고 포기하는 데만 익숙해져 버린 청년 세대에게 다시 삶의 희망과 용기를 불어넣어 주기 위해선 정확한 진단이 필요하다. 다시 말해서 전체 실업률은 줄어도 청년 실업자는 늘어나는, 우리 사회의 구조적 모순을 먼저 정확히 인식하고, 청년 일자리 창출과 고용 확대를 위한 보다 근본적인 대책을 마련해야 한다. 도전이란 단어보단 포기라는 단어가 더 익숙한 젊은 세대들에게 돌을 던질 자격이 있는 사람은 아마도 없을 것이기 때문이다. 특히 태어날 때부터 금수저, 흙수저, 이도 모자라 다이아몬드 수저로 국민의 운명이 갈리는 국가는 희망도, 미래도 없다는 사실을 곱씹고 또 곱씹어야 할 오늘날 대한민국이다.

양치기 소년과 정치인

가장 고약한 거짓말쟁이는 바로
진실의 가장자리를 요리조리 빠져나가는 것이다.

— 줄리어스 헤어

어린 시절 이솝 우화 중 하나인 『늑대와 양치기 소년』을 재미있게 읽은 적이 있다. 줄거리를 요약하면, 어느 날 산에서 양을 치던 소년이 심심한 나머지 늑대가 나타났다고 외치며 마을로 헐레벌떡 뛰어 내려왔다. 그러자 마을 사람들은 저마다 몽둥이를 들고 뛰어나와 소년과 양을 보호하고자 야단법석을 떤다. 그런데 나중에 알고 보니 소년의 말은 거짓말이었다. 소년은 그것이 재미있어 다음에도 똑같은 방법으로 늑대가 나타났다며 마을 사람들을 골탕 먹인다. 그런데 세 번째 진짜 늑대가 나타나 양들을 잡아먹고 소년에게 해코지할 때 "정말 늑대가 나타났다!"라고 소년이 목이 터져라 아무리 소리쳐도 이미 두 번이나 속은 마을 사람들은 소년이 또 거짓말하는 줄 알고 미동도 하지 않는다. 결국, 양들은 늑대에게 잡아먹히거나 도망가

단 한 마리도 남지 않게 되고, 소년도 늑대에게 해를 당하고 만다.

『탈무드』 책에 “거짓말쟁이들이 받는 최대의 벌은 거짓말쟁이가 제아무리 진실을 말해도 아무도 믿지 않는 것이다.”라는 말이 있다. 그런데 사람들은 태어나서부터 죽을 때까지 사실이든 아니든, 알게 모르게 이런저런 거짓말을 하면서 살아간다. 그런데 한번 거짓말을 하게 되면 그것을 합리화하고 정당화하기 위해 열 번 이상의 다른 거짓말을 더 해야 한다고 한다. 거짓말이 또 다른 거짓말을 양산하는 셈이다.

미국 매사추세츠 주립대의 로버트 펠드먼 교수의 실험 결과가 흥미롭다. 서로 알지 못하는 100여 명을 대상으로 2명씩 짝지어 자기 자신의 소개를 하도록 한 결과, 평균 10분에 세 번 정도 거짓말을 하는 것으로 나타났다. 어떤 사람은 같은 시간 동안 무려 12번의 거짓말을 하기도 했다. 물론 이때의 거짓말들이 모두 나쁜 것이었을 것으로 단정 짓기는 어렵다. 왜냐면 처음 만난 사람에게 자신을 소개하면서 하는 거짓말에 악의를 담는 경우는 드물기 때문이다.

그런데 ‘하얀 거짓말’이라고도 하는 선의(?)의 거짓말도 있다. 그러나 이것 역시 거짓을 진실로 포장한 거짓말일 뿐이다. 예를 들면 죽을병을 진단받은 환자에게 가족들이 “괜찮다.”라고 거짓말을 해 안심시키는 것과 같은. “상대방의 마음을 행복하게 해 주고 상처를 주지 않을 때는 거짓말을 해도 된다.”라고 탈무드에서조차 하얀 거짓말을 권유하고 있으니 조금은 아이러니하다.

그러나 뭐니 뭐니 해도 거짓말의 압권은 정치인들이 하는 거짓말이다. 범죄나 어떤 사건에 연루된 정치인 중에서 자신의 죄를 솔직히 인정하고 용서를 구한 사례를 지금까지 보지 못했다. 일단 문제가 불거지면 법적 대응이라는 칼자루를 들이대며 "사실무근"이라고 발뺌하고 본다. 그러다 더는 빠져나갈 수 없는 결정적 사실에 직면하게 되면 그때야 비로소 잘못을 시인하고 고개를 떨군다. 너무나 익숙해진 광경이지만 이런 사례들은 사회 전체의 피로감과 실망감을 누적시키고 사회적 신뢰마저 갉아먹는다는 데 문제의 심각성이 있다.

그뿐만이 아니다. 자신의 결백을 증명하기 위해서인지, 아니면 양심의 가책 때문인지 모르겠으나 귀한 목숨을 스스로 버리기도 한다. 노무현 전 대통령이나 노회찬 전 국회의원이 대표적인 사례라고 할 수 있다. 그러나 정치인으로서 불법 행위나 잘못을 했다면 국민 앞에 솔직히 용서를 구하고 그에 합당한 처벌을 받으면 될 일이다. 잘못을 솔직히 인정하고 용서를 구하는데 누가 비난의 돌팔매질을 하겠는가? 그런데도 정치인들은 왜 이 평범하고 단순한 진리를 애써 모른 척 고집하면서 거짓의 길을 가고자 하는지 그 속내가 궁금할 뿐이다.

인간사 모두, 끝내는 사필귀정(事必歸正)으로 돌아가는 것이 자연의 순리이자, 이치다. "정치인들 입에서 나오는 것은 하품 빼고는 다 거짓말이란 옛말도 있고, 정치가들이란 강(江)도 없는데 다리를 놓겠다고 하는 이들도 있다." 조정래의 소설 『허수아비 춤』에 있는 구절이 특히 실감 나는 오늘날 정치 현실이 안타깝다.

노인 연령 상향 조정의 딜레마

늙은 사람은 자신이 두 번 다시 젊어질 수 없다는 사실을 알고 있지만,
젊은이는 자기가 나이를 먹는다는 것을 잊고 있다.

— 유대 격언

초고령사회 진입을 목전에 두고 노인 연령 상향 조정 문제가 뜨거운 감자로 등장한 지 이미 오래다. 아마도 100세 시대를 살아야 하는 현실 앞에 지극히 당연하고 필요한 화두라고 할 수 있다. 그러나 노인 연령 상향 조정 문제는 동전의 양면과 같아서 조급하게 서둘러 결정할 사안은 아닌 듯싶다.

대한민국은 만 65세 노인 인구가 전체 인구의 14.2%를 차지한 2018년 8월 말, 이미 '고령사회'에 진입했다. 2000년 7월 '고령화사회'에 진입한 후, 세계적으로 최단기간인 17년 만에 이루어진 일이다. 그리고 2025년이면 인구 10명 중 2명이 노인인 '초고령사회'에 진입하게 된다.

일반적으로 65세 이상 노인 인구가 총인구에서 차지하는 비율이 7% 이상이면 '고령화 사회(Aging Society)', 65세 이상 노인 인구가 총인구의 14% 이상이면 '고령사회(Aged Society)'라고 하고, 65세 이상 노인 인구가 총인구에서 차지하는 비율이 20% 이상이면 '초고령사회(Super-Aged Society)' 혹은 '후기고령사회(Post-Aged Society)'라고 한다. 우리나라의 이 같은 급속한 고령화는 기대 수명의 연장과 출산율 하락에 기인한다.

인구 구조가 급격히 고령화된다는 것은 인구 절벽의 시작과 함께 노동력과 생산성 감소를 가져와 결국 경제 성장마저 덩달아 위축된다는 뜻이다. 이 같은 노인 인구 증가는 사회 보험 같은 지출을 늘려 국가 재정이 타격을 받게 되고, 복지기금 충당을 위해 다른 사회 구성원들이 세금을 더 많이 내야 하는 등 심각한 사회문제를 일으킬 수 있다는 데 문제의 심각성이 있다. 일본의 장기 불황, 잃어버린 20년은 초고령사회로 인한 인구 구조의 변화 때문이라는 지적처럼 저출산, 초고령사회의 도래는 국가 존망과 직결되는 심각한 문제다. 이런 까닭에 우리나라도 일본의 전철을 밟지나 않을까 우려스럽다.

한국보건사회연구원의 「노인 생활 실태 및 복지 욕구 조사」에 따르면 국민의 78.3%가 노인 연령 기준은 70세 이상이어야 한다고 응답했고, 75세 이상이어야 한다는 응답도 31.6%나 됐다. 그러나 대다수의 선진국은 여전히 노인 기준 연령을 65세로 정하고 있고, 67세인 나라는 호주, 노르웨이, 아이슬란드 정도가 있을 뿐이다.

우리나라의 경우 노인 연령을 70세 이상으로 상향 조정해야 한다는 찬성 의견과 65세를 그대로 유지해야 한다는 반대 의견이 팽팽히 맞서고 있다. 찬성론자들은 100세 시대라는 말이 보편화하고 있는 오늘날, 사회구조의 변화와 함께 구체적인 논의가 시작되는 것은 당연하다는 논리다. 반면, 반대론자들은 우리나라 노인 빈곤율은 49%로 경제협력개발기구(OECD) 평균인 13%에 비해 압도적으로 높아, 노인 기준 연령을 높이면 현재 노인 복지 혜택을 받는 대상이 바뀌고, 이는 곧 노인 복지 축소로 이어져 노인들의 삶은 더욱 팍팍해질 것이라고 주장하고 있다. 그리고 우리나라는 평균 은퇴 연령이 50세가 채 못 된다. 국민연금 개시 연령 61세 사이에 소득 절벽기는 물론 기초연금 수급 개시 연령까지 10년 이상의 시차가 생겨 가뜩이나 어려운 장년층까지 궁지로 몰아넣을 수 있다는 주장이다.

따라서 노인 기준 연령을 상향 조정 하기 전에 '정년 연장'은 물론 '노인 일자리'를 늘리는 대책이 선행돼야 순리일 것이다. 그런데 청년 일자리도 턱없이 부족한 지금, 60대 이후 가질 수 있는 일자리 대부분이 비정규직이거나, 단순노무직이다. 어차피 양질의 일자리를 가질 수 없는 경제 환경에서 사전 대책 없이 노인 기준 연령만 상향 조정 해 봐야 연금 받는 시기만 늦춰 정부 불신과 함께 국민적 저항만 가져올 뿐이다.

노인 연령 기준의 상향 조정을 위해서는 노인의 삶에 대한 가치 존중, 다양한 주체와의 협력과 연대가 우선 필요하다. 그런데 과거

이명박과 박근혜 정부에서 저출산·고령화 문제를 해결하기 위해 쏟아부은 돈은 110조 원이 훨씬 넘었다. 그러나 투자 대비 성과는 말 그대로 속 빈 강정이었다. 일회성 생색내기 정책으로 일관한 당연한 결과다. 문재인 정부도 결코 예외가 아니었다.

따라서 윤석열 정부는 국민 혈세만 낭비하는 사탕발림의 대중영합주의 정책이 아닌, 청년은 물론 노인 등 이해 당사자들이 피부로 체감할 수 있는 보다 현실적이고 실질적인 대책을 내놓아야 한다. 이를 위해 무엇보다도 중요한 일은 저출산·고령사회 문제 해결을 위한 복지예산의 확보다. 그러나 우리나라는 저출산·고령사회 문제 해결을 위한 예산으로 GDP의 1% 정도를 쓰고 있을 뿐이다. 반면 영국, 프랑스 등 유럽 선진국들은 우리나라의 네 배인 GDP의 4%를 예산으로 쓰고 있다.

지하철 요금 '공짜'

사람은 나이를 먹는 것이 아니라 좋은 포도주처럼 숙성되는 것이다.

— W. 필립스

부모님 덕분에 호적이 일 년 늦게 신고돼 2018년 5월 말, 만 65세가 되었을 때의 일이다. 물론 기뻐해야 할지 슬퍼해야 할지 모르겠으나 고령사회의 어르신 반열에 나 자신도 당당히(?) 올랐다. 세월은 화살처럼 빠르다더니 엊그제까지만 해도 청춘이었는데 어느 날 자고 일어나 보니 법적으로 진짜 노인이 돼 버렸다.

65세가 되면서 맨 먼저 한 일이 지하철 무임승차 카드를 발급받은 것이었다. 지금 강원도 시골에 사는 까닭에 무임승차 카드가 거의 필요 없음에도 불구하고……. 그런데 아직은 나 자신 스스로 노인이 되었다는 사실이 실감이 나지 않았다. 그래서 지하철을 타야 할 때 당분간은 그냥 요금을 내고 타려 했으나 주위에서 당연히 주어진 혜택인데 바보처럼 그럴 필요가 있겠느냐며 강권(?)해, 못 이기는 척 지하철 무임승차 카드를 발급받았다. 그리고 작은아버지 문상길에 서울 가면서 딱 한 번 사용해 보았다. 카드를 지하철 요금기에 대자 "요금 0원"이란 메시지가 떠 신기했다.

그런데 만 65세가 되면 노인 복지 차원에서 이런저런 혜택이 많다. 항공기, 기차 요금 할인, 능(陵)원·고궁·국공립 박물관 등 무료 관람, 각종 세제 혜택과 기초 노령 연금 지급, 그리고 임대 주택 우선 공급 등 그 종류도 다양했다. 그동안 사회에 공헌해 온 노인들을 국가가, 국민이 공경한다는 의미에서 아름다운 일이라고 할 수 있다. 언젠가는 누구나 다 예외 없이 노인이 될 터이니 더욱더…….

그런데 65세 이상 노인들에게 지하철 무임승차 혜택을 주다 보니 지하철 재정 적자가 눈덩이처럼 불어나 골칫거리가 되고 있다. 1980년대는 노인 인구가 전체 인구의 5%가 채 안 돼 큰 문제가 되지 않았었다. 그러나 우리나라는 지금 고령사회(14%)를 지나 초고령사회(20%)를 목전에 두고 있다. 이런 추세대로라면 지하철 무임승차 손실액이 기하급수적으로 더 늘어날 것은 불을 보듯 뻔하다.

따라서 100세 시대를 살아야 하는 오늘날, 우대 나이를 상향 조정하든지 아니면 지하철 요금 할인 혜택을 소득 수준에 따라 차등 적용 하는 것이 옳지 않을까 싶다. 그리고 지하철이 달리는 지자체들의 노인 우대라지만, 시골 노인과 도시 노인의 역차별 문제도 고려해야 한다. 지금 대도시 노인들은 지하철을 무제한 공짜로 탈 수 있지만, 지하철이 없는 시골의 시골 버스는 노인들에게 할인 혜택을 전혀 주지 않고 있기 때문이다.

그리고 65세가 되다 보니 또 한 가지 더 짚고 넘어갈 일이 있다. 지하철이나 버스의 노약자를 위한 노약자석(경로석) 문제다. 지하철의 경우 한 칸을 놓고 보면 노약자석은 대부분 맨 끝 쪽에 놓여 있다. 물론 노약자를 공경하는 아름다운 취지라지만, 젊은이들과 편을 가르고, 구석으로 밀어 넣어 퇴물 취급 하는 것 같아 지하철을 탈 때마다 마음이 편치 않다.

따라서 경로석이나 노약자석을 아예 없애고 예전처럼 노약자들이 승차하면 젊은이들이 자연스럽게 자리를 양보해 주는 그런 아름다운 시스템으로 전환하면 어떨까 싶다. 일부 꼴불견 진상 노인들은 노약자석이 당연히 자기 자리라는 듯 무심결에 앉아 있는 젊은이들에게 강제로 일어나라고 추태를 부리는 일도 비일비재하니 말이다.

노인은 나이에 걸맞게 노인다워야 아름다운 법인데, 가끔 이런 진상 노인의 추태를 목격하게 되면 젊은이들 보기 민망하고 나이 먹은 죄인처럼 느껴져 얼른 다른 곳으로 자리를 옮기고 만다.

매년 노벨상 계절은 오가지만

단연코 인생이 주는 최고의 상은
할 만한 가치가 있는 일에서 온 힘을 다할 기회이다.

— 시어도어 루스벨트

매년 10월은 노벨상의 계절이다. 그때마다 '혹시나' 했다가 어리석은 기대는 늘 '역시나'로 끝나기 일쑤다. 노벨상은 스웨덴의 알프레트 노벨의 유언에 따라 제정한 상이다. '지난해 인류에 가장 큰 공헌을 한 사람들'에게 해마다 상을 주도록 명시한 유언장에 따라 노벨의 사망 5주기인 1901년 12월 10일부터 시상되기 시작했다. 노벨상은 물리학, 화학, 생리학·의학, 문학, 평화, 그리고 경제학 부문에서 수상자를 선정한다. 노벨상은 국적·인종·종교·이념에 관계없이 생존자 누구나 받을 수 있으며, 한 사람이 1번 이상 받을 수도 있다.

우리나라는 2000년 김대중 전 대통령의 노벨 평화상 수상이 유일무이(唯一無二)하다. 반면 이웃 나라 일본은 1949년 유카와 히

데키가 노벨 물리학상을 받은 이후 2022년까지 무려 29명의 수상자를 배출했다. 그러나 이는 지극히 당연한 결과다. 일본 정부는 이미 1990년 '50-30 프로젝트'를 통해 50년 동안 기초과학 분야에서 30명의 노벨상 수상자를 배출한다는 야심 찬 계획을 세운 바 있기 때문이다. 그리고 연구개발에 국민총생산의 2%를 매년 투자하면서, 이 중 40%를 기초과학 연구에 지원하고 있는데 세계 최고 수준이다. 이뿐만 아니라 1985년 이후 지금까지 1만 5천여 개의 기초과학 연구소를 세우고 꾸준히 투자를 계속해 왔다. 이 같은 기초과학 분야에 대한 과감하고 꾸준한 투자가 결국 일본이 세계 최고의 기술 수준을 갖게 된 원동력으로 작용한 것이다.

그러나 우리나라 현실은 여전히 비관적이다. 현재 4년제 대학만 200개가 넘지만, 대학들은 양적 팽창에 급급한 나머지 실력 있는 학생들을 양성하기보다는 그저 고만고만한 학생들을 국화빵 찍어 내듯 찍어 내고 있을 뿐이다. 그리고 지성의 전당으로서의 학문 연구는 뒷전이고 취업 양성소가 된 지 이미 오래다.

교수들의 연구비 역시 몇몇 유수 대학교수들이 싹쓸이하고 있다. 연구비를 받아도 알맹이 없는 일과성 논문 한 편 쓰면 그만이다. 구조적으로 장기간에 걸친 심도 있는 연구 성과를 기대할 수 없다. 그리고 당장 연구 성과만을 중시한 채 국가 차원에서의 기초과학 육성 의지 역시 소극적이며, 연구 대학 육성에 대한 비전도 전략도 형식적이다. 특히 정권이 바뀔 때마다 단골 메뉴로 대학 구조개혁을 외쳐 댔지만 늘 소리만 요란할 뿐, 용두사미로 끝나기 일쑤였다.

그리고 단 한 번의 수학능력시험을 통해 성적순으로 학생들을 줄 세우고, 미래 인생의 진로가 결정되는 나라는 동서고금을 막론하고 대한민국이 거의 유일무이하다. 초·중등학교의 모든 교육이 개성이나 적성은 무시된 채, 대학 입시를 위한 과정쯤으로 여전히 인식되고 있다. 특히 오직 점수 따기 교육, 수요자보다는 공급자 중심 교육, 그리고 자율보다는 규제 일변도의 관치 교육 정책이 횡행하고 있다.

과기부는 수학·과학 영재교육 강화를 주장하고 있지만, 교육부는 어려운 기하·벡터를 수능에서 제외하는 등 엇박자를 내고 있기도 하다. 참으로 한심한 작태다. 국제올림피아드 대회에서도 뒷걸음질을 치고 있고 이공계 이탈 현상은 물론 고급 두뇌 해외 유출 역시 심각한 상황이다. 이런 까닭에 현재와 같은 입시제도와 교육 풍토 속에서는 앞으로 100년이 가도 노벨 과학상을 받을 수 없을 것이라는 게 정설이다. 물론 한 나라의 기술력을 노벨상 수상의 과다(過多)로 재단(裁斷)할 수는 없다. 그리고 과학기술정책이 노벨상 수상 목적이 돼서도 곤란하다.

그렇다고 손 놓고 강 건너 불구경하듯 할 수만은 없다. 세계 시장에서 초일류 제품과 초일류 기업만 살아남듯이 우리 역시 더 늦기 전에 백지(Zero base)상태에서 노벨 과학상 수상을 위한 장기적이고 구체적인 대책이 마련되어야 한다. 무한경쟁 시대 0.1% 초일류 인재 확보가 필수다. 이를 위해 수학능력시험을 '대학입학 자격시험'으로 바꾸거나 아예 폐지해야 한다. 특히 수학능력시험의 성적순이 아니라, 기초과학 분야별로 재능과 능력이 뛰어난 어린 인재들을 조기에 발굴하여 국내외에서 가장 우수한 과학자들을 초빙, 이들을 전담 지도 하도록 하고, 최신 실험 실습 장비를 갖추는 등 국가적 차원에서 집중 투자가 필요하다.

정부 요직에 이공계 출신 일정 비율 의무 임용, 우수 과학 인력의 정년 연장, 성과 중심 보상 체계 강화, 퇴직 과학 인력 지원 확대, 연금 수혜율 제고 등 다양한 지원책을 법제화하여 이공계를 정책적으로 우대해야 한다. 그래서 우리도 어느 해 10월에는 당당히 노벨상 수상자를 내야 한다. 대한민국을 경제 선진국은 물론 과학 선진국으로서 국격을 한 단계 더 끌어올릴 수 있는 지름길이기 때문이다.

그러나 그 길은 아득히 멀어 보인다. 지금 연구·개발(R&D) 예산을 대폭 늘려도 모자랄 판국에 윤석열 정부는 2024년 연구·개발(R&D) 예산을 2023년도보다 16.6%나 삭감해 버렸다. 액수로는 5조 2,000억 원이다.

SCI 논문과 저자

누군가 거짓말을 하고 있다고 의심이 가면 그냥 믿는 체하는 것이 좋다.
그러면 더욱 대담해져서 더욱 심한 거짓말을 하여 정체를 폭로한다.

— 쇼펜하우어

조 아무개 전 법무부 장관 딸은 고교 1학년 시절인 2007년, 2주간 단국대 의대 의과학연구소에서 인턴으로 근무한 바 있다. 그런데 이 경력을 바탕으로 2009년 3월 SCI 병리학 논문의 제1 저자로 등재되었다. 조 아무개 전 장관 딸은 고려대 생명과학대학 수시 입학 당시 자기소개서에 "인턴십 성과로 나의 이름이 논문에 오르게 됐다."라고 기재하기도 하였다. 이에 대해 조 아무개 전 장관은 후보 시절 "아이가 영어를 잘하는 편이라 실험 성과를 영어로 정리하는 데 크게 이바지해 그렇게 된 것 같다."라며, "해당 논문을 입학 과정에서 제출한 적은 없다."라고 강력히 부인했었다. 그러나 검찰 조사 결과 제출한 정황이 드러나 거짓말한 꼴이 됐다.

SCI(Science Citation Index)와 SCIE(Science Citation Index Expanded)는 미국 톰슨 사이언티픽(Thomson Scientific) 사(社)가 과학기술 분야 학술 잡지에 게재된 논문 색인(Index)을 수록한 데이터베이스의 명칭이다. 그런데 톰슨 사이언티픽 사는 전신인 과학정보연구소(Institute for of Scientific Information)를 대신해 1958년 설립된 학술 정보 전문 민간기관이다. 이 회사에서는 매년 학술적 기여도가 높은 학술지를 엄선하고, 동 학술지에 수록된 논문의 색인 및 인용 정보를 데이터베이스화하여 이를 필요로 하는 수요자에게 제공하고 있다. SCI에 '과학(Science)'이란 용어가 붙은 만큼 '이공계열'의 논문 주제를 주로 다루고 있다. 특히 SCI의 인용도에 의해 논문의 질을 평가하고, SCI 수록 논문 수 및 인용도는 국가 및 기관 간의 과학기술 연구 수준을 비교하거나 연구비 지원, 학위 인정 및 학술상 심사 등의 반영 자료로 활용되고 있다.

논문 저자 순서 중 제1 저자와 교신 저자는 가장 중요한 자리다. 그 까닭은 얼마나 많은 논문에서 제1 저자와 교신 저자를 했는지가 교수 승진, 연구 과제 심사 등에서 결정적 역할을 하기 때문이다. 일반적으로 제1 저자는 논문의 저자 순서 중 맨 앞에, 교신 저자는 맨 뒤에 각각 위치한다. 교신 저자는 연구 전체를 총괄하는 책임자로 보통 연구비를 수주해 온 사람이 된다. 제1 저자는 연구에 참여한 연구자 중 연구 기여도가 가장 높은 연구자가 차지한다. 그런데 여러 실험실에서 수행되는 대규모 연구에서는 누가 가장 많은 공헌을 했는지 판단이 모호한 경우가 발생할 수 있다. 미국 국립보건성의 지침은 논문의 초고본을 작성한 사람에게 제1 저자 자리를 주고 있다. 공헌을 가장 많이 하면 그만큼 연구 내용에 대해 잘 알고 있을 것이고, 그래야 논문 초고를 쓸 수 있다는 이유에서다.

그런데 소아 병리학 분야의 SCI급 논문이라면 의대 본과 학생이 보조 인력으로 참여한다 해도 크게 이바지하기 힘든 수준이란 것이 의학계의 정설이다. 필자는 36년간의 교수 생활을 마감하고 정년퇴직하였다. 그런데 대학 재직 기간 동안 SCI나 SCIE에 손으로 꼽을 정도의 논문밖에 싣지 못했다. 물론 필자의 능력 부족 탓이 크겠지만, 현직 교수라 하더라도 그만큼 논문 게재가 어렵다는 의미이기도 하다.

따라서 당시 고1에 불과한 조 아무개 전 장관의 딸이 고작 2주간의 인턴 실력으로 이런 수준 높은 논문의 제1 저자로 등재되었다는 사실은 한마디로 삼류 코미디에 불과하다. 해당 논문 지도 교수는 조 아무개 전 장관의 딸이 논문의 영작에 이바지했다며 군색한 변명으로 일관했다. 그러나 이는 손바닥으로 하늘을 가리는, 학자적 양심을 저버린 것이다. 왜냐하면, 의학 논문은 자연과학 중에서도 난해한 전문 용어를 많이 사용하는 분야로서 해당 분야의 전공자가 아니라면 내용 자체를 이해하기 어렵기 때문이다. 뒤늦게 논문 지도 교수는 조 아무개 전 장관 딸의 제1 저자 등재가 부적절했음을 인정하고 잘못을 시인했다. 대한병리학회에서도 이를 논문 부정행위로 간주해 만장일치로 논문 취소 결정을 내리고, 해당 논문을 학회지 등재에서 제외키로 했다.

그런데 당시 문재인 전 대통령은 탄핵과 시민 촛불 혁명으로 탄생한 정부로서의 초심을 완전히 상실한 채 몽니와 아집으로 일관했다. 왜냐하면, 51%의 국민은 물론 야당의 강력한 반대에도 불구하고 수신제가(修身齊家)가 덜 된 조 아무개 교수를, 법과 정의를 지켜야 할 법무부 장관으로 끝내 임명했기 때문이다. 당시 문재인 전 대통령이 국민 뜻을 받들어 장관 후보 지명을 철회하고 당사자가 장관직을 고사했었더라면 오늘날과 같이 가정이 풍비박산되는 불행한 사태는 아마도 일어나지 않았을 것이다.

그러나 법무부 장관 임명 후폭풍은 참담함 그 자체였다. 조 아무개 전 장관은 임명 한 달 만에 장관 자리에서 자진하여 사퇴하였고, 결국 재직 중이던 서울대에서조차 파면당하고 말았다. 그리고 부인은 각종 혐의가 인정돼 영어(囹圄)의 몸이 되었으며, 딸은 의학전문대학교 졸업자에서 하루아침에 고졸자로 전락한 채 의사 면허마저 취소되고 말았다. 엄마 찬스, 아빠 찬스와 지나친 과욕이 부른 한 가족의 처참한 비극을 보면서 국민은 할 말을 잃고 말았다.

그런데 아빠 찬스, 엄마 찬스를 이용해 그동안 온갖 특혜를 누리며 살아온 딸은 자성하고 사과는커녕 도리어 후안무치하게도 SNS 등을 통해 "자신은 떳떳하고 부끄럽지 않게 살았다."라며 목소리를 높이고 여론 몰이마저 서슴지 않았다. 철딱서니가 없어 그런 것인지, 생각이 모자라서 그런 것인지……. 그러나 제아무리 용을 쓰고 발버둥 쳐도 손바닥으로 하늘을 가릴 수는 없는 일이다.

절도범이 넘쳐 나는 사회

세상에는 오직 두 종류의 사람들만 존재한다.
자신을 죄인으로 여기는 의인과 자신을 의인으로 여기는 죄인.

— 블레즈 파스칼

어느 조직이나 마을의 속내를 찬찬히 들여다보면 온갖 말썽을 부리며 휘젓고 다니는 한두 사람의 말썽꾼, 일명 '트러블 메이커'가 있다. 이들로 인해 늘 불편하고 때로는 피곤하지만, 그렇다고 이들을 제지할 특별한 방법이나 수단이 없는 까닭에 그저 못 본 척 속앓이를 하며 살아가기 마련이다.

우리 마을에도 각종 유언비어를 만들어 퍼뜨리고 남의 뒷말을 일상의 주업으로 삼고 살아가는 말썽꾼이 있다. 이 말썽꾼은 예전에 살던 마을에서도 말썽을 많이 일으켜 쫓겨 오다시피 이웃 마을로 이사를 왔다. 그런데 이사 와서도 "제 버릇 개 못 준다."라는 속담처럼 수시로 말썽을 피웠다. 말썽꾼은 시도 때도 없이 아무 집이나 쳐들어가고 사소한 일도 크게 부풀려 시빗거리를 만들고 손버릇마저 나빠 마을 사람들의 기피 대상이 되었다.

그런데도 말썽꾼은 반성이나 자숙은커녕 다른 마을까지 원정을 다니며 타인을 중상모략하고 괴소문을 만들어 퍼뜨렸다. 이 말썽꾼의 주 표적은 주로 새로 이사 온 사람들이다. 새로 이사 온 사람들은 말썽꾼의 진짜 정체를 전혀 모르기 때문에 그의 감언이설에 속아 쉽게 친분을 맺고 어리석게도 의지까지 하였다.

그런데 이 말썽꾼이 결국 대형 사고를 치고 말았다. 이웃 동네 집의 물건을 훔친 사실이 뒤늦게 들통났기 때문이다. 그전부터 마을에서 없어진 물건은 말썽꾼의 집을 수색하면 다 나올 것이란 소문이 파다했었다. 그런데 물건 훔치는 광경을 실제로 본, 목격자가 나타남으로써 절도 행각이 만천하에 드러나고 말았다.

피해자와 동행하여 마을에 있는 경찰 지구대에 먼저 도난 신고를 했다. 그리고 사실 확인차 경찰과 함께 말썽꾼 집을 찾았다. 마침 혼자 집에 있던 말썽꾼은 밤늦은 시간, 경찰의 갑작스러운 방문에 당황하는 기색이 역력했다. 경찰이 심문을 시작하자 말썽꾼은 처음에는 훔친 사실을 완강히 부인했다. 나중에 목격자가 도착해 당시 상황을 조목조목 따지며 증언하자 말썽꾼은 더는 버티지 못한 채, 훔쳐 간 물건을 경찰 앞에 순순히 내놓았다. 결국, 증거까지 나왔으니 빼도 박도 할 수 없는 절도죄가 성립되고 말았다. 한마을에 살면서 말썽부리는 것도 부족해 왜 이 같은 절도 행각까지 벌였는지 도무지 이해되지 않았다.

그런데 절도죄는 단순 절도와 특수 절도로 나뉜다. 단순 절도의 경우 6년 이하의 징역이나 1,000만 원 이하의 벌금을 물게 된다. 특수 절도는 형량이 이보다 훨씬 더 무겁다. 만약 두 명 이상이 함께 절도죄를 범하였거나, 흉기를 휴대하고 절도죄를 범한 때에는 특수 절도 혐의가 적용돼 1년 이상 10년 이하의 징역형을 선고받을 수도 있다. 단순 절도의 경우 피해자와의 합의 여부에 따라 형량이 달라지기도 한다.

그러나 동네 말썽꾼의 절도는 조족지혈(鳥足之血)일지도 모르겠다. 남의 물건을 훔치는 것만이 절도는 아니기 때문이다. 사회 곳곳에 합법을 가장한 또 다른 형태의 도둑들이 차고 넘치니 말이다. 권력을 앞세워 청년 일자리를 빼앗아 자신들의 잇속을 채우는 파렴치한 기업 임원들과 저질 국회의원들, 자녀들의 일류대 입학을 위해 각종 편법과 불법을 저지르는 힘 있는 학부모들, 호의호식하면서도 세금을 내지 않는 세금 포탈범들, 그리고 유망한 중소기업을 각종 협박과 회유로 헐값에 사들여 배를 채우는 부도덕한 재벌 등등, 알게 모르게 수없이 많은 불법 절도범들이 활개 치고 있는 세상에서 우리는 지금 살고 있다.

그런데 분식 회계 등으로 국민 경제에 엄청난 피해를 준, 지금은 해체된 대우 그룹의 김우중 전 회장은 17조 원의 추징금을 끝내 갚지 않은 채 어느 날 세상을 떠나 버렸다. 그러나 그의 남은 가족들은 여전히 잘 먹고 잘살고 있다.

일부 사이비 보수 언론들은 그의 죽음을 앞다투어 보도하면서 "경제계의 큰 별이 지다." 등으로 애도하고 생전의 행적에 대해 미화도 서슴지 않았다. 과연 이 땅에 정도(正道)를 추구하며 민의를 대변하는 진정한 언론은 존재하고 있는 것인지……. 사이비 언론은 차고 넘치지만, 진정한 언론은 찾아보기 힘든 현실 앞에 늘 입맛이 씁쓸하다.

웰다잉을 생각하며

인생에는 반드시 죽음이 있고 죽고 사는 것에는 반드시 명(命)이 있으니
사람으로 태어나 한 번 죽는 것은 진실로 아까울 게 없는 것이다.

— 정운

몇 년 전에는 '웰빙(well-being)'이란 단어가 유행했었다. 웰빙은 한 마디로 '잘 먹고, 잘 사는 것'을 의미한다. 또 한때는 '나이를 잘 먹어야 한다.'라는 의미의 '웰에이징(well-aging)'이 인기를 끌기도 했었다. '건강하고 멋지게 나이 드는 것', 바로 웰에이징의 참모습이라고 할 수 있다. 즉 늙는다는 사실을 자연스럽게 받아들이고 순응하는 웰에이징은 안티에이징(anti-aging)과 반대되는 개념이다. '안티에이징'은 노화를 죽음에 이르는 과정으로 생각하며 노인을 쓸모없고 무기력한 존재로 인식하는 것이다.

그런데 오늘날의 화두는 단연 '웰다잉(Well-Dying)'이다. 웰다잉은 살아온 날을 정리하고 죽음을 잘 준비하는 행위 일체를 포함한

다. 넓은 의미에서 웰다잉은 존엄사나 무의미한 생명 연장을 거부하는 DNR(Do Not Resuscitate) 등을 포괄하는 개념이기도 하다. 즉 '깔끔하게 잘 죽는 것'으로, 보다 적극적 개념이라고 할 수 있다. 반면 존엄사는 회복할 가능성이 없는 환자에 대해 인공호흡기 등 연명치료를 중단하고 자연적 죽음을 받아들이게 하는 소극적 개념이다. 우리나라는 2009년 대법원에서 처음으로 존엄사를 인정한 바 있다.

그런데 우리나라는 2020년에 사망자 수가 출생아 수를 이미 넘어섰다. 2022년 사망자 수는 37만 2,800명으로 나타났다. 물론 코로나19로 사망자가 늘어난 탓도 있지만, 이것은 사망 원인 통계가 작성되기 시작한 1983년 이후 가장 많은 사망자 수다. 고령사회를 맞아 향후 이 같은 추세는 계속될 것으로 보인다.

2022년 출생아 수는 24만 9,000명으로 통계가 작성된 1970년 이후 가장 적었다. 여성 1명이 평생 낳을 것으로 예상하는 평균 출생아 수를 의미하는 합계출산율 역시 2022년 0.78명으로 2021년 대비 0.03명 감소했다. 따라서 존엄성을 지키며 인생을 아름답게 잘 마무리하고자 하는 이른바 웰다잉(well-dying)의 중요성이 어느 때보다도 강조되고 있는 것도 이런 까닭이다. 그런데도 '존엄한 죽음'을 맞이할 수 있도록 지원하는 국내의 현실은 아직 걸음마 단계로 미미하기만 하다.

그런데 가장 심각한 문제는 세계 최고 수준의 노인 자살률이다. 2023년 10월 기준 인구 10만 명당 노인 자살자 수는 69.8명이다. 이는 OECD(경제협력개발기구) 회원국 평균 자살자 수 11.1명에 비해 6.3배나 높은 것으로, 자살률 1위라는 불명예를 안고 있다. 노인 자살의 주요 원인은 건강 문제, 경제 문제, 고독감, 그리고 무력감 등이다.

2022년 대한민국 노인의 상대적 빈곤율은 37.6%로 OECD 38개국 평균(15.3%)의 두 배가 넘는 압도적 1위다. 노인의 상대적 빈곤율이란 만 65세 인구 소득이 중위 소득 50% 빈곤선 아래에 있는 노인 인구 비율을 의미한다.

상황이 이러한 까닭에 노년에 이르면 삶을 아름답게 마무리하고 스스로 정리할 수 있게 하는 지원책이 마련돼야 '극단적 선택' 역시 줄일 수 있다는 목소리가 높다. 따라서 노인 등 취약계층의 자살을 개인의 일탈 문제로 보지 않고 사회적 문제로 인식하고자 하는 관점의 전환이 절실히 필요한 시점이다. 일본, 덴마크 등 다른 나라의 경우 자살을 개인 문제로 보지 않고 국가와 지방정부, 민간단체가 적극적으로 정책을 펼쳐 자살률을 낮추고 있다.

최근 3년간 2명의 한국인이 스위스의 비영리단체 디그니타스(DIGNITAS)에서 안락사, 일명 '조력자살'로 생을 마감한 사실이 알려지면서 안락사 합법화를 놓고 논쟁이 벌어지고 있는 것도 이 같은 현실적 상황과 무관치 않다. 조력자살이란 의료진으로부터 조력을 받아 스스로 목숨을 끊는 행위로 스위스는 세계에서 유일하게 자국민과 외국인 모두에게 안락사를 허용하고 있다. 그러나 스위스에 가 안락사를 하기 위해서는 거액의 돈이 든다. 이에 따라 지난 정부의 청와대 국민청원 게시판에는 국내에서도 안락사를 합법화해 달라는 청원이 올라오기도 했었다.

그러나 사회적 양극화와 존엄한 죽음을 맞기 위한 인식 부족이 여전히 '웰다잉'을 가로막는 장벽이 되고 있다. 특히 안락사의 경우 시기상조라는 의견이 지배적이다. 그런데 치료 불능 환자나 중증 치매 환자 본인은 물론 가족, 그리고 사회적 비용 등을 고려한다면 마냥 손 놓고 안 된다고 안락사를 반대만 할 일만은 아닌 듯싶다.

독서 외면하는 국민

집은 책으로, 정원은 꽃으로 가득 채워라.

— 앤듀르 랭거

안중근 의사는 '일일부독서 구중생형극(一日不讀書 口中生荊棘)', "하루라도 책을 읽지 않으면 입안에 가시가 돋는다."라고 독서의 중요성을 강조한 바 있다. 1,300년 전, 당나라 시인 두보 또한 '남아수독오거서(男兒須讀五車書)', "남자는 모름지기 다섯 수레의 책을 읽어야 한다."라고 책을 많이 읽도록 권장했다.

흔히들 국민의 독서 수준은 곧 그 나라의 경쟁력을 가늠하는 지표라고 말하고 있다. 그러나 우리나라 국민 일 년 독서량은 OECD 회원국 중 최하위로 성인 한 달 평균 독서량은 0.8권(2017년)에 불과하다. 미국 6.6권, 일본 6.1권, 프랑스 5.9권, 중국 2.6권 등에 비해 크게 낮으며, 독서량 순위도 세계 166위로 하위권이다. 특히 성인 둘 중 한 명은 1년간 책을 한 권도 읽지 않았고, 학생은 열 명 중 한 명이 책을 단 한 권도 읽지 않았다.

그런데 우리나라 국민이 이처럼 책을 많이 읽지 않은 가장 큰 이유로 '독서 습관 부재'를 들 수 있다. 어릴 때부터 체계적인 독서 교육을 받지 못한 채 그저 학교나 학원에서 입시를 위한 점수 따는 공부만 해 온 가슴 아픈 결과다.

그뿐만이 아니다. 국민이 언제 어디서나 손쉽게 책을 접할 수 있는 도서관과 도서 보유량의 절대 부족도 한몫하고 있다. 공공도서관 이용률도 선진국의 절반 이하 수준이다. 특히 우리나라는 도서관을 책 읽는 곳이 아니라 공부하는 곳으로 이용하고 있다. 도서관이 상상의 나래를 펴는 창의적 공간이 아니라 암기하는 공간으로 전락한 것이다. 여기에 TV, 컴퓨터, 인터넷, 휴대전화 등을 선호하는 '영상세대'의 등장도 빼놓을 수 없다. 그런데 21세기 국제화 시대에 유수 선진국들과 맞설 수 있는 경쟁력은 지금과 같은 황량한 독서 풍토에서는 결코 나올 수 없다는 데 문제의 심각성이 있다.

오늘날 강조되고 있는 창조적 사고나 창조적 아이디어 창출은 어느 한 분야만을 전문적으로 잘 아는 편향된 지식만으로는 이룰 수 없다. 융·복합적 사고가 필수다. 융·복합적 사고를 위해서는 다양한 분야의 책을 읽고 그 내용을 응용할 수 있는 균형 있는 사고력을 길러야만 가능하다. 우리나라가 아직 단 한 번도 노벨 과학상을 수상하지 못한 까닭도 창의적 인재 육성 교육은 등한시한 채 줄기차게 입시 위주의 암기식 교육을 해 온 결과와 무관치 않다.

그런데 독서 인구 5% 증가 시 출판 시장 경제 효과는 4천2백억 원 규모로 추산되고 있다. 아울러 독서는 국가 지식 경쟁력을 높이고 출판 생태계의 선순환 구조를 생성하기도 한다. 그러나 독서는 무엇보다도 개인의 창의적인 사고력을 통한 균형적 삶과 행복 지수를 수치로 계산할 수 없을 만큼 무한한 가치를 새로 창출할 수 있다는 점에서 국가적으로나 개인적으로 대단히 중요하다. 따라서 독서 인구의 저변 확대를 위해 유아기부터 책 읽는 습관을 갖도록 독서 지도 프로그램을 개발하고 체계적으로 독서 지도를 해야 한다.

영상 세대의 등장에 따라 기존의 종이책 대신 인터넷이나 휴대전화로 언제 어디서나 필요한 때에 싼 가격으로 읽을 수 있도록 전자책 형태로 책 시스템 자체를 변환해야 한다. 전자책은 단순히 글자를 읽는다는 종이책의 개념에서 벗어나 음악, 동영상은 물론 실시간으로 내용에 대한 주석(註釋)을 달거나 직접 책을 제작할 수도 있는 쌍방향 소통이 가능하기 때문이다.

그리고 TV 등 언론 매체에서도 가수 등용문으로서 역할에만 골몰할 것이 아니라, 책을 읽고 토론하는 쇼 형식의 독서 관련 프로그램을 적극 개발, 국민이 독서의 중요성을 인식하고 독서에 관심을 두도록 일깨우는 노력이 필요하다. '책을 읽지 않는 국민', 미래의 희망이 없기 때문이다.

그런데 일주일에 3시간 정도 소설책을 꾸준히 읽으면 수명이 2년 정도 더 연장된다는 재미있는 연구 결과도 있다. 따라서 책을 열심히 읽어서 마음의 위안도 얻고, 수명도 연장하고, 그야말로 일거양득이 아닐까.

3·1 운동 100주년 단상

대한 사람인 내가 너희들 재판받을 필요도 없고,
너희가 나를 처벌할 권리도 없다.

— 유관순

2019년 우리나라는 '3·1 독립운동' 100주년을 맞았다. 3·1 운동(三一運動), 또는 3·1 만세 운동(三一萬歲運動)은 일제 강점기, 한국인들이 일제의 지배에 항거해 1919년 3월 1일 한일병합조약의 무효와 한국의 독립을 선언하고 비폭력 저항 만세 운동을 시작한 사건이다. 특히 대한제국 고종이 독살되었다는 고종 독살설이 도화선이 돼, 한반도 전역에서 봉기한 운동이다. 그리고 기미년에 일어났다 하여 '기미독립운동(己未獨立運動)' 또는 '3·1 혁명(三一革命)'이라고 달리 부르기도 한다.

3·1 운동은 민족 대표 33인이 주도했으나, 조선총독부가 3·1 운동 직후 작성한 '3·1 운동 계보도'에 따르면 140명이 참여한 것으로 돼

있다. 3·1 운동 시위는 약 1,700여 회 감행되었는데 그때마다 조선총독부는 시위 참가자들을 무자비하게 짓밟고 탄압했다. 조선총독부의 공식 기록을 보면 시위 참가자 수는 전국적으로 106만여 명에 달했다. 그러나 실제로는 당시 인구의 10% 이상인 200만 명이 넘었으며, 시위 중 일본의 총칼에 무참히 살해된 사망자 수는 7,509명, 구속된 사람도 4만 7천여 명에 이르렀다.

이 같은 3·1 운동은 오늘날 대한민국 정부 탄생의 역사적 기원이 돼, 1919년 4월 11일 중국 상하이에서 대한민국 초대(임시) 정부가 수립되었고, 2019년 마침내 3·1 운동 100주년을 맞게 된 것이다. 그런데 3·1 운동을 계기로 군사, 경찰에 의한 무단 통치를 펴던 조선총독부는 민족분열책인 일명 문화통치로 조선 통치 정책을 바꾸었다. 또 3·1 운동은 인도 간디의 비폭력 저항운동에 크게 영향을 미쳤다. 그리고 일본에 유학 중인 중국 학생들은 3·1 운동에 자극받아 5·4 운동을 일으켰다. 동학의 맥이 3·1 운동까지 면면히 이어지면서 당시 식민지국 중 세계적으로 그 유례를 찾아볼 수 없는, 3·1 운동은 세계 최초의 민중 저항운동으로 자리매김하였다.

그런데 3·1 독립운동 100주년을 맞았으나 대한민국 곳곳에 여전히 일제 잔재는 물론 친일파 흔적들이 차고 넘치고 있어 부끄럽고 치욕스럽다. 조국 해방과 함께 친일파들이 단죄되기는커녕 대한민국이 건국되면서 미 군정과 이승만의 비호 아래 이들 친일파가 정부 요직을 독점한 채 지금까지 그 맥이 끈끈하게 이어져 오고 있기 때문이다. 이들을 싸잡아 친일 토착 왜구라고 부르기도 한다.

그뿐만이 아니다. 독립투사 후손들은 가난 속에 숨죽이며 살아왔지만, 친일파 후손들은 부귀영화를 누리며 사회 곳곳에서 여전히 의기양양하며 호의호식하고 있다. 이런 까닭에 일제 잔재와 친일파 척결 없는 대한민국의 독립은 여전히 미완성이자, 현재 진행형이라고 할 수 있다. 그런데도 너도나도 외화를 싸 들고 벌떼처럼 일본으로 여행을 가고 있고, 일제(日製) 차들은 대한민국 방방곡곡을 거침없이 누비고 있다. 배알도 없고 수치심 모르는 국민이 넘쳐 나는 현실이 그저 안타깝고 독립 선열들 보기 민망하고 가슴이 아프고 더 쓰리다.

따라서 더 늦기 전에 일제 잔재를 철저히 벗겨 내고 친일 세력, 토착 왜구를 완전히 척결하여 진정한 자주독립 국가로 재탄생해야 한다. 토착 왜구 친일파 후손 세력들의 저항이 제아무리 거세고 집요할지라도 지금과 같은 반쪽짜리 독립 국가를 21세기를 살아갈 사랑스러운 우리 후손들에게 물려줄 수는 없는 까닭이다.

봉준호 감독 만세

우연히 이루어진 것은 예술이 아니다.

— 세네카

아카데미 시상식에서 수여되는 아카데미상은 일명 '오스카상'이라고도 한다. 이 상은 미국 영화업자와 사회법인 영화예술 아카데미협회(Academy of Motion Picture Arts & Sciences)가 수여하는 미국 최대의 영화상이다. 미국 할리우드 영화의 세계 시장 점유율은 70~80%나 된다. 이런 까닭에 아카데미상은 지역 영화제에 불과한데도 세계 영화인들의 꿈의 무대이자, 선망의 대상이기도 하다.

'제1회 아카데미상 시상식'은 1929년 5월 16일 할리우드의 루스벨트 호텔에서 거행되었다. 20명의 관계자로 구성된 위원회가 12개 부문의 수상작을 선정하는, 매우 작은 규모로부터 출발하였다. 그리고 1932년, 아카데미 시상식을 위해 백 명의 위원들이 선출되고 이들이 우수 영화 작품을 선정하면서 대규모 아카데미로 성장을 거듭

해 오늘에 이르렀다.

박근혜 정부에서 문화계 블랙리스트에까지 올랐던 봉준호 감독의 「기생충」 영화가 세계 3대 영화제의 하나인 칸 국제영화제에서 '황금종려상'을 수상했다. 이 여세를 몰아 영화 「기생충」이 마침내 그동안 '백인들만의 잔치'로 악명이 높았던 92년 역사의 아카데미상에서 최우수 작품상, 감독상, 각본상 그리고 국제 영화상까지 4관왕을 차지하면서 아카데미상 역사를 새로 쓰는 기염을 토했다. 「기생충」의 작품상 수상은 비(非)영어권 영화로는 아카데미 역사상 최초의 쾌거이기도 했다.

한국 영화는 1962년 신상옥 감독의 「사랑방 손님과 어머니」를 시작으로 아카데미상에 여러 차례 도전했으나 수상은 고사하고 후보에조차 오르지 못했었다. 그런데 이번에 「기생충」이 최초로 후보 지명과 수상까지, 두 마리 토끼를 한꺼번에 다 잡은 것이다. 뉴욕타임스 등 세계 주요 언론들은 「기생충」의 작품상 수상 소식을 앞다투어 긴급 타전하면서 극찬 또한 서슴지 않았다. 특히 『뉴욕 타임스』는 "「기생충」은 계급투쟁의 장르를 뒤집는 이야기로써, 관객들이 미래를 동시에 받아들일 수 있게 해 줬다."라며, "할리우드는 드디어 백인 이야기에 대한 지나친 의존에서 벗어나기 시작한 것인지도 모른다."라고 분석하기도 했다.

봉준호 감독 역시 감독상을 받은 후, "국제 영화상 수상 후 오늘

할 일은 끝났다고 생각했다. 정말 감사하다."라고 소감을 피력했다. 이어 어린 시절부터 마틴 스코세이지(미국) 감독이 한 말인 "가장 개인적인 것이 가장 창의적이다."라는 말을 가슴속에 새기며 살았다고 그동안의 소회를 밝혔다.

봉준호 감독은 1994년 단편 영화 「백색인」으로 데뷔한 후, 장편 영화 「플란다스의 개」, 「살인의 추억」, 「괴물」, 「마더」, 「설국열차」, 「옥자」 등을 연이어 발표하였다. 이들 모두 특정 장르의 틀에 갇히지 않으면서도 허를 찌르는 상상력에서 나온 새로운 이야기들을 유감없이 구사해 영화 애호가들을 매료시켰다. 특히 인간애와 유머, 긴장감을 넘나드는 재미를 선사하면서도 우리가 사는 사회에 관한 질문도 놓치지 않았던 그의 작품 세계는 이번 「기생충」에서도 유감없이 발휘됐다.

영화에 문외한인 필자가 처음 「기생충」이란 영화를 접했을 때 영화 제목 자체가 매우 혐오(?)스럽다고 생각했었다. 사람이나 생물의 몸 안이나 밖에 붙어살면서 영양분을 빨아 먹는 이, 벼룩 따위의 외부 기생충과 회충, 촌충, 십이지장충 등과 같은 내부 기생충이 연상됐기 때문이었다. 그리고 영화관을 찾아 「기생충」을 감상하면서도 봉준호 감독 영화가 늘 그렇듯 스릴러물인지, 코미디물인지 장르 또한 종잡을 수 없었다. 그러나 내용 전개 과정 예측이 전혀 불가능한, 독특한 소재와 계급 사회와 빈부 양극화 현상을 예술적 감각으로 자연스럽게 승화시킨 작품성은 빼어났다. 내용 역시 지루하지 않았으며, 기생충이란 제목에 걸맞게 재미있었다.

「기생충」의 이번 아카데미상 4관왕 달성은 한국 영화 100년사(史)에 영원히 기록될 쾌거라고 할 수 있다. 그러나 이것이 처음이자 마지막이 된다면 큰 의미가 없다. 한류, K-팝, 그리고 영화 「기생충」까지 문화 예술은 그야말로 굴뚝 없는 산업이다. 그런데도 우리나라 영화의 세계 시장 점유율은 겨우 2%에 불과하다.

따라서 정부와 관계 기관은 무지몽매한 박근혜 전 정부의 문화정책을 반면교사로 제2, 제3의 봉준호, 「기생충」이 탄생할 수 있도록 문화 예술 산업을 더욱더 적극적으로 육성하고 발전시켜 나가야 한다.

암튼 봉준호 감독, 「기생충」, 대한민국 모두 만만세다.

세상에서 가장 슬픈 죽음

인간의 삶은 고독하고 빈곤하고 괴롭고 잔인하고 짧다.

— 토머스 홉스

송나라의 주신중(朱新仲)은 훌륭한 죽음으로 다음과 같은 5멸(五滅)의 실천을 내세웠다. 5멸이란 "첫째, 멸재(滅財)-재산을 남기지 말고 죽을 것, 둘째, 멸원(滅怨)-원한을 남기지 말고 죽을 것, 셋째, 멸채(滅債)-남에게 빚을 남기지 말고 죽을 것, 넷째, 멸정(滅情)-정분을 남기지 말고 죽을 것, 다섯째, 멸망(滅亡)-죽음을 두려워하지 말고 죽을 것" 등이다.

어찌 됐든 이 세상에 태어나 어느 날 죽는다는 것은 내가 이 세상에서 영원히 사라지는 일이기 때문에 슬픈 일이다. 따라서 사람이 태어나 천수(天壽)를 다 누리고 죽는다면 그것만으로도 큰 축복이자, 행운일 것이다. 그러나 실제로는 그렇지 못한 경우가 많다. 열심히 사는 도중 암 등 불치병으로 죽기도 하고, 교통사고 등으로 어느 날 졸지에 목숨을 잃기도 하는 까닭이다. 그렇다고 그들의 타고난 운명이라고 가볍게 치부해 버리기엔 모두 안타까운 죽음들이다. 그래서 '태어날 때는 순서가 있어도 죽을 때는 순서가 없다.'라고 했는지도 모르겠다.

그런데 죽음 중에서도 가장 가슴 아픈 죽음이 바로 '고독사(孤獨死)'다. 고독사는 사회적 관계가 단절된 상태로 혼자 살던 사람이 자신의 생활 공간에서 사망한 뒤, 한동안 방치되다 뒤늦게 발견된 죽음을 의미한다.

한국은 2017년 65세 노인 인구가 14%로, 고령화 사회를 지나 '고령사회'가 됐다. 고령화 사회에서 고령사회로 가는 데 프랑스는 115년, 일본은 24년이 각각 걸렸지만, 한국은 17년밖에 걸리지 않았다. 그리고 노인 빈곤율 세계 1위, 노인 자살률 세계 1위, 노년층 1인 가구의 폭발적인 증가 등으로 한국 사회에서 고독사는 그동안 60세 이상 노년층의 문제로 간주해 왔다.

보건복지부가 발표한 「2022년 고독사 실태 조사」를 보면 2017년 2,412명이던 고독사는 2021년에 3,378명으로 5년 전보다 40%나 늘었다. 2021년 사망자(31만여 명)의 1%를 넘어선 것이다. 연령별 고독사의 경우 정작 60대 이상보다는 40~50대의 고독사가 더 많았고, 남성의 고독사가 여성보다 4배나 더 많았다.

반면 일본은 은퇴한 65살 이상 노인층 중심으로 고독사, 일명 '고립사'가 주로 나타나고 있다. 우리에 앞서 고독사 문제에 직면한 일본에서조차도 그 유례를 찾아보기 힘든, 한국만의 독특한 현상이다. 평생직장이란 개념이 여전한 일본에서는 40~50대 중년의 고독사가 잘 나타나지 않는다. 반면 사오정(45세 정년퇴직), 오륙도(50~60세에 계속 회사에 다니면 도둑놈) 등 퇴직 연령이 낮아지고 복지 제도마저 미비한 한국에서는 조기퇴직과 동시에 고독사 위험군에 포함되고 있다. 물론 일반인들은 그들이 게으르고 나태해 그리되었다고 쉽게 치부해 버릴 수도 있으나 실상은 전혀 그렇지 않다는 데 문제의 심각성이 있다.

40~50대에 조기 은퇴한 한국 중년들은 경제력 상실과 동시에 자신의 존재 가치마저 잃어버리고 만다. 사회의 냉대와 푸대접, 그리고 믿고 의지했던 가족의 무관심이 그들을 조기 은퇴자라는 낙인과 함께 빈곤과 비자발적 고립의 수렁 속으로 빠져들게 하는 것이다. 특히 은퇴 후 경제적 빈곤에 노출되면서 알코올 중독과 질병 등으로 고독사하는 시나리오가 자연스레 만들어진다. 50대는 자존심이 상한다는 이유로 도움받기마저 거부한 채 스스로 고립된 삶을 택하기도 한다. 고독사 현장에는 술병과 우울증약 처방전, 그리고 쓰다만 이력서만 나뒹군다. 물론 이 같은 고독사는 개별적인 죽음이라고 외면할 수 없는 사회적 문제다.

지금 우리는 100세 시대에 살고 있다. 그런데 40~50대에 쓸쓸히 홀로 생을 마감한다는 것은 개인의 불행이기도 하지만, 국가적으로도 엄청난 손실이기도 하다. 저출산과 고령 시대의 중추적인 기둥이 무너지는 꼴이기 때문이다.

따라서 어떤 죽음이 됐든, "유전(有錢) 가족사, 무전(無錢) 고독사"와 같이 죽음마저 가진 자와 갖지 못한 자의 차별적 죽음이 되지 않도록, 자살 문제와 함께 우리 사회가 다 같이 고민하고 해결해 나가야 할 당면 과제임이 분명하다.

파이어족

자유란 그 누가 그 누구에게 주는 것이 아니라, 단지 자기 자신에 의해서만 얻을 수 있는 것이다.

— 톨스토이

100세 시대를 살아야 하는 오늘날, 정부는 물론 기업들은 정년 연장 문제를 심각하게 고민하고 있다. 그러나 정년 연장은 곧 청년 실업과 맞물린 양날의 칼과 같아서 쉽게 결론을 내릴 수 있는 문제는 아니다. 그런데 명퇴(명예퇴직)나 조퇴(조기퇴직), 희퇴(희망퇴직) 등으로 인해 제2의 직업을 찾아 나서는 사람들 또한 늘고 있다. 그 까닭은 경제 활동을 하지 않으면 생계를 위협받을 수 있는 현실적 문제 때문이다. 이에 따라 이들 퇴직자를 위한 '실버 취업', '실버 창업' 등의 시장도 하루가 다르게 번창하고 있다.

이와는 반대로, 미국에서는 경제 활동을 가장 활발히 해야 할 나이에 은퇴를 목표로 세운 사람들이 나타나고 있어 이채롭다. 이들을 일명 '파이어(FIRE, Financial Independence Retire Early)족' 이라고 한다. 파이어족은 한마디로 경제적으로 자립해 조기에 직장 은퇴를 희망하는 사람들을 일컫는다. 조기 은퇴의 이유로 장시간 근무와 극심한 스트레스를 대표적인 예로 들고 있다. 매년 연봉을 받으며 사는 것도 물론 좋지만, 자신만의 시간이 없어 조기 은퇴해 가족들과 함께 시간을 보내는 것을 합리적이라고 생각하는 것이다. 따라서 젊었을 때 임금을 극단적으로 절약, 노후 자금을 빨리 확보한 후 늦어도 40대 전후에 퇴직하자는 것이다. 이는 한 번뿐인 인생, 현재를 즐기며 사는 태도를 일컫는 욜로(YOLO, You Only Live Once)와는 또 다른 신개념이다.

일반적으로 정년퇴직은 60~65세 사이가 보통이지만, 파이어족은 30대 중반에서 40대 초반 은퇴를 목표로 나머지 인생을 살아갈 자금을 모은다. 이들은 은퇴 후 생활 자금을 모으기 위해 최저 생활비로 한 달을 버틴다. 그리고 채소 등 식자재는 가능한 한 자급자족한다. 파이어족이라는 단어는 『타이트워드가제트』라는 뉴스레터에서 처음 사용된 후 미국에서 인기를 얻기 시작했다. 그런데 파이어족의 극단적인 절약 움직임은 금융위기로까지 이어질 수 있어 사회적 문제로 인식되기도 한다.

이들이 조기 은퇴를 위해 꿈꾸는 목표 자금은 100만~500만 달러 수준이다. 한국 돈으로 환산하면 대략 11억~66억여 원 정도 된다. 모두 주식에 투자하거나 은행에 예치해서 나오는 수익으로 생활비를 쓰겠다는 계산이다. 이처럼 미국에서 파이어족이 큰 논쟁거리가 되자, 실제 조기 은퇴에 성공한 파이어족은 SNS를 통해 자신들의 경험담을 공유하기도 한다. 이들이 전하는 파이어족이 되기 위한 몇 가지 팁을 요약하면, "고민, 또 고민하라." "목표 금액을 제대로 세워라." "저축보다 빚 청산이 먼저다." "짠 내 나는 생활을 두려워하지 말라." 등등이다.

세상이 복잡해지고 하루하루의 삶이 고단하다 보니 한 번뿐인 인생, 인간답게 살다 죽고 싶다는 욕망 또한 여러 가지 형태로 나타나고 있는 셈이다. 그러나 철저한 계획과 준비가 없다면 파이어족이 됐다고 해서 100세 시대를 살아야 하는 오늘날, 과연 행복할지는 잘 모르겠다.

시험관 아기

생명은 신성(神聖)하다. 생명에의 사랑이 가장 첫째가는 미덕이다.

— 로맹 롤랑

사랑하는 남녀가 결혼이란 의식을 거쳐 상호 결합을 통해 아이를 갖는 것은 지극히 당연한 자연의 이치이자 순리다. 그런데 주위를 돌아보면 결혼 후 몇 년이 지나도 아이가 생기지 않아 고민하는 부부들이 생각보다 많은 것 같다. 물론 아이가 필요할 경우 입양도 한 가지 방법이지만, 핏줄을 특히나 중시하는 우리나라 특성상 반드시 내 아이를 가져야 한다는 고정 관념이 여전히 팽배해 있는 것 또한 부인할 수 없는 사실이다.

이런 사회적 상황 때문에 부부가 직접 관계를 통해 자연스럽게 아이를 낳는 대신 가장 일반적으로 선호되고 있는 방법 가운데 하나가 바로 시험관 아기 시술이다. 시험관 아기란 아빠의 정자와 엄마의 난자를 채취해 시험관에서 수정시켜 이를 엄마의 자궁 안에서 자라게 한 다음 출산한 아기를 의미한다.

1978년 7월 25일 인류 사상 최초의 첫 시험관 아기가 영국의 한 종합 병원에서 태어났다. 이 탄생은 불임 부부들에게 희망의 메시지를 전해 준 그야말로 대사건이었다. 그러나 종교계에서는 "인간 의학의 힘으로 생명이 태어난다는 것은 불법"이라며 우려의 목소리를 내기도 했었다. 그런데 1978년 첫 성공 이후 시험관 아기는 계속 태어나 세계적으로 이미 20만 명을 넘어섰다. 우리나라에서는 1985년 첫 시험관 아기로 쌍둥이 남매가 태어났었다.

여성은 나팔관 원인으로 인한 불임(나팔관 막힘, 골반 유착, 나팔관 성형수술 실패, 나팔관 절제 등)일 경우 시험관 아기 시술을 받게 된다. 남성은 정자의 숫자가 적거나 운동성이 약한 경우 주로 이용한다. 또 자궁내막증이나 면역학적 불임, 모든 불임 검사에서 이상이 없는데도 임신이 안 될 때, 인공수정 시술에 여러 번 실패한 때도 시험관 아기 시술을 받는다. 의술의 발달이 생명 탄생을 어느 정도 좌지우지할 수 있다는 사실이 경이롭기까지 하다. 예전 같으면 상상도 할 수 없었던 일이기 때문이다.

그러나 부부로서의 사랑이란 지극히 자연스럽고 평범한 행위 과정을 생략해 버린 채, 오직 대를 잇기 위해, 자식을 갖고 싶어서 시험관을 이용해 아이를 갖고 낳는 것이 과연 윤리적으로나 도덕적으로 온당한 일인지는 잘 모르겠다. 그리고 나중에 아이가 자라서 자신이 시험관 시술을 통해 태어났다는 사실을 안다면 그 충격을 어떻게 감당할지도 의문스럽다. 그런데 시대가 변하고 복잡해지면서 유교적 관념의 핏줄 선호 의식도 점점 희박해져 가고 있다. 왜냐하면, 처음부터 아이를 갖지 않기로 약속하고 결혼하는 부부들도 점점 늘어나고 있기 때문이다. 육아와 교육에 대한 부담 또한 이런 추세에 한몫하고 있다. 아이를 하나 낳아 대학까지 보내는 데 평균 4억여 원이 든다는 통계도 있으니 어느 정도 이해가 간다.

그러나 결혼하고도 너도나도 아이를 낳지 않겠다면 이는 국가 존폐와 직결된 문제로서 심각한 일이 아닐 수 없다. 우리나라는 이미 인구 절벽을 겪고 있다. 2019년부터 태어난 신생아 수보다 사망자 수가 더 많은, 역전 현상을 보이기 때문이다. 국가 존폐 위기 극복을 위해 아주 먼 미래에는 인간 복제(?)라도 해서 인구수를 늘려야 할지도 모르겠다.

그런데 친구 아들 부부가 결혼한 지 거의 10년이 돼 가는데 갖은 노력에도 불구하고 아이가 생기지 않아 결국 시험관 시술을 통해 아이를 갖기로 했다. 아들 부부 모두 나이가 40대에 접어들어 더는 지체할 수 없어 궁여지책으로 내린 결정이라고 말하면서 친구는 씁쓸해했다. 부부 중 어느 쪽에 문제가 있어 자연 임신을 할 수 없는지 모르겠으나, 시험관 시술은 남자보다는 여자 쪽에 엄청난 고통과 부담을 주는 시술이기도 하다.

아무쪼록 친구 아들 내외가 시험관 아기 시술에 성공해 친구가 예쁜 손주를 안아 보길 진심으로 바라지만, 내 마음도 친구의 마음처럼 씁쓸한 것은 무슨 까닭일까.

자살, 그 불편한 진실

원할 때 죽을 수 있기 때문에 나는 살고 있다. 자살이란 '가능성'이 없었다면 나는 이미 오래전에 자살했을 것이다.

— 에밀 시오랑

드루킹 측으로부터 불법 정치자금을 수수한 혐의를 받고 있던, 노동 운동의 선구자라고 할 수 있는 노 아무개 전 정의당 원내대표가 압박감을 이기지 못하고 결국 스스로 목숨을 끊고 말았다. 본인 유서에서의 항변대로 "어떤 청탁도 없었고, 대가를 약속한 바도 없었다."지만, 이유 없는 돈이었을지언정 받지 않았더라면 더 좋았을 것을……. 그러나 불법 자금을 받았다면 극단적인 선택을 하기보다는 국민 앞에 진솔하게 고백하고 회초리를 맞았으면 될 일이었다.

목숨은 소중하고 고귀한 것으로, 자신은 물론 그 누구도 함부로 해(害)할 수 없는 것임에도 불구하고 꼭 자살이란 극단적인 선택을 했어야 옳았는지 묻고 싶을 뿐이다. 자살이란 방법을 통해 자신은 죽으면 모든 것이 끝날지도 모르겠다. 그러나 남은 가족이나 지인들에게는 평생, 또 다른 상처를 남겨 주는 일일 뿐 그 이상도 그 이하도 아니다. 그리고 자살한다고 해서 이미 벌어진 일이 사라지는 것이 아니라 묻힐 뿐이다.

우리나라는 인구 10만 명당 약 24.6명(2022년 자살예방백서)이 자살하고 있다. 이는 OECD 자살률 평균의 2.2배에 해당하는 것으로 OECD 국가 중에서 자살률이 가장 높다. 경제 수준이 괄목할 만큼 향상돼 선진국 반열에 올랐지만, 자살률은 줄어들지 않고 증가하고 있어 심각하다. 자살 동기는 스트레스, 경제적 부담, 과도한 경쟁, 알코올 중독, 그리고 불면증 등이다. 특히 코로나19 이후 여성 자살률도 증가하고 있다.

노인 자살률 또한 대단히 높다. 노인 자살은 55.5명으로 전체의 2.2배나 된다. 또 여성보다 남성이 더 높은데, 남성 자살은 38.4명으로 여성(16.1명)보다 2.4배 높다. 따라서 정부 차원에서 자살 예방 대책 마련이 시급한 실정이다.

그런데 노 아무개 전 의원의 경우 자살이란 극단적인 선택으로 자신의 생을 마감했지만, 그동안 그가 걸어온 정의로운 노고와 업적을 남은 자들이 기린다는 의미에서 '국회장'으로 장례가 엄수됐다. 국회의원 품위에 어긋나는 금품 수수라는 부정한 범죄 행위를 저지르고 자살까지 했음에도 불구하고, 국민 세금을 써 가며 '국회장'으로 장례를 치른 것이다. 이것이 정의롭고 공정한 사회를 지향하고 있는 오늘날 대한민국의 정치 현실이라면 국민 정서와 배치되는 일이 아닐 수 없다.

공교롭게도 같은 시기, 극보수주의자라고 할 수 있는 전 KBS 여자 아나운서 출신의 정 아무개 씨의 지병에 의한 병사(病死)가 있었다. 그러나 정 아무개 씨의 장례는 그의 생전 왕성한 사회 활동에도 불구하고 극비리에 가족장으로 치러졌다.

어떤 죽음이든 죽음은 모두 같다. 그런데 두 죽음은 사람이 태어나 한평생을 어떻게 살아야 하는지를 극명하게 보여 준, 대비되는 사례라고 할 수 있다.

따라서 마크 트웨인의 "우리가 죽었을 때 장의사도 애도할 만한 그런 인생을 살자."라는 말이 정도(正道)가 아닐까 싶다. 한 번뿐인 인생, 어떻게 한평생을 살았는가가 중요한 까닭이다.

부도덕한 20대 대통령 후보들

지도자가 언행이 바르면 명령하지 않아도 백성들이 잘 따르지만,
자신이 바르지 않으면 비록 명령해도 따라오지 않는다.

— 논어

2022년 당시 집권당이었던 더불어민주당은 치열한 경선 과정을 거쳐 전과 4범인 이재명 전 경기도 지사를 20대 대통령 후보자로 선출했다. 전과 4범인 입후보자는 예상과는 달리 득표율 계산 방법을 놓고 한동안 내홍을 겪기도 했으나 간신히 과반수 득표를 함으로써 이낙연 후보와 결선 투표 없이 여당 대통령 후보자로 최종 확정되었다. 전과 4범의 입후보자를 여당 대통령 후보자로 확정하면서 집권 여당 관계자는 후보자의 '도덕성'보다는 '본선 경쟁력과 돌파력'을 더 높이 샀다고 했다.

한 나라의 국정을 책임져야 하는 대통령이란 막중한 자리가 도덕성이나 능력과 상관없이 돌파력만 있으면 된다는 해괴하고 저급한

수준의 궤변에 할 말을 잃고 말았다. 과연 수신제가(修身齊家)는 물론 도덕성마저 결여된 대통령이 임기 동안 국민의 마음을 잘 아우르며 치국(治國)할 수 있을까.

그런데 전과 4범 대선 후보자는 정치범도, 사상범도 아닌, 음주운전, 검사 사칭 등 사회적으로 잡범(雜犯)에 속한다는 데 문제의 심각성이 있다. 입에 담기조차 민망한 이 후보자의 형수에 대한 쌍욕 동영상은 유튜브는 물론 인터넷 등을 통해 여전히 나돌고 있다. 여배우와의 스캔들, 조폭과의 연관설, 그리고 변호사비 대납 의혹 등 후보자와 알게 모르게 관계된 비도덕적·비윤리적 루머는 한둘이 아니다. 여기에 이 후보자 부인의 황제 의전, 법인 카드 사용, 입에 담기조차 민망한 아들의 상습 도박과 성매매 의혹까지…….

그뿐만 아니라 정치인들의 단골 메뉴이기도 한 학위 논문 표절 시비 논란의 중심에 이 후보자도 당당히 끼어 있다. 학위 논문 표절이 사회적 물의를 빚자 이 후보자는 표절을 자인하고 학위 논문을 반납했다고 주장했으나 반납을 수용할 법적 근거가 없어 이 후보자의 표절 학위는 여전히 유효한 상태로 남아 있다.

더 심각한 문제는 경선 과정에서 불거진 이 후보자가 성남 시장 시절 수행한 성남시 대장지구 개발 사업이다. 이 후보자는 당시 시장으로서 개발 사업에 관계된 10여 건의 인허가 문건을 결재한 최종 결정권자였다. 사업 추진 과정과 이익금 배당 문제가 일파만파로 커지자 후보자는 사업의 문제점을 몰랐다고 발뺌하면서 책임을 타인에게 전가하고 자기합리화로 일관했다. 내용도 모르면서 결재를 했다면, 이는 자신의 무능을 스스로 인정한 것일 뿐만 아니라 직무 유기를 한 것이다.

백 보 천 보 양보해서 이 후보자가 당시 성남시 시장으로서 대장동 사업에서 한 점 부끄럼이 없다고 하더라도, 그러나 개발 사업에서 최종 결정권자로서 제 역할을 제대로 하지 못한 것이 사실로 드러난 이상, 국민에 대한 최소한의 도리로 어떤 식으로든 책임을 져야 옳았다. 그러나 그런 모습을 끝내 보이지 않았다. 특히 끔찍한 일은 이 후보자와 직간접으로 연관된 이 후보자의 지인 중 지금까지 다섯 사람이나 극단적인 선택으로 목숨을 버렸다는 사실이다. 그런데도 이 후보자는 검찰의 강압 수사 때문이라는 궤변으로 자기합리화로 일관했다.

윤석열 국민의힘, 제1 야당 대선 후보자 역시 이재명 여당 후보자와 '오십 보 백 보'로, 특별히 나을 게 없었다. 권력욕에 눈이 멀어 검찰 총장으로 임명해 준 대통령에게 어느 날 갑자기 등을 돌리고 배신의 길을 택했다. 그리고 임기도 다 채우지 않은 채 검찰 총장직을 헌신짝처럼 내팽개치고 국민의힘에 입당, 대선 경선에 뛰어들었다. 결국 지난(至難)한 과정을 거쳐 신의도 없고 은혜도 모르는 배은망덕한 입후보자가 졸지에 국민의힘 제1 야당 대선 후보자로 선출되었다.

그런데 윤 후보자의 검찰 총장 시절 '고발 사주' 의혹과 함께 장모

와 배우자의 각종 부정과 비리 의혹 또한 다 적시할 수 없을 만큼 심각했었다. 특히 배우자는 논문 표절, 주가 조작, 무속 논란은 물론 취업을 위한 학력과 경력 부풀리기 등의 부당한 방법으로 선량한 다른 지원자들의 일자리를 빼앗는 범죄도 서슴지 않은 것으로 드러났다.

윤 후보자는 부산의 어느 자리에서 "전두환 대통령이 12·12 쿠데타, 5·18 빼고는 정치는 잘했다."라고 궤변마저 늘어놓았다. 역사 인식이 거의 무뇌 수준이었다. 전두환은 집권 내내 수없이 많은 국민을 핍박하고 무고한 광주 시민을 폭도로 몰아 무차별 학살한 살인자 집단의 괴수였다. 그런데도 전두환은 끝내 반성은커녕 사과 한마디 없이 유명을 달리하고 말았다.

흔히 역사에는 가정법이 없다고 말한다. 따라서 전두환에게서 쿠데타, 5·18을 빼 버리면 과연 무엇이 남을지 모르겠다. 만약 전두환에게 쿠데타와 5·18이 없었다면 대통령 자체가 될 수 없었다. 한 인물의 공과(功過)를 평가할 때 그가 가장 잘못한 것을 빼 버리면 무의미해진다. 이완용을 "친일 빼고는 다 잘했다."라고 말한다면 어느 누가 공감할까? 이명박은 자동차 부품회사 '다스' 빼면 정치는 잘했다고 말할 수 있을까? 박근혜는 국정 농단 빼면 과연 정치는 잘했을까? 그런 사람을 영어의 몸으로 만든 장본인은 도대체 누구였는지, 윤 후보자에게 묻고 또 묻고 싶다.

대한민국 건국 이래 이처럼 부도덕하고 안팎으로 흠이 많은 수준

미달의 대통령 후보자는 여야를 막론하고 아마도 없었다. 이들이 고위 공직 후보자처럼 인사청문회 대상이었다면 아마도 이미 낙마하고 말았을 것이다. 본인들이 스스로 알아서 사퇴했어야 옳았다. 그런데도 여야는 이들을 대통령 후보자로 선출하고 자당(自黨) 후보자를 대통령 만들겠다며 대선 기간 내내 거머리처럼 달라붙어 이전투구, 동분서주했다. 그러나 이 모든 것은 국민과 국가를 위해서가 아니라, 집권 후 순전히 자신들의 부귀영화를 위해서였다.

선거 결과 국민의힘 야당 후보자는 대통령에 당선돼 여당이 되었고, 더불어민주당 여당 후보자는 낙선하였음에도 불구하고 곧바로 야당 대표 자리를 꿰찼다. 국민의 정치 수준을 그대로 보여 준 씁쓸한 결과라고나 할까.

불행한 일은 앞으로 신임 대통령 임기가 끝날 때까지 대한민국 국민 그 누구도 어린아이들 앞에서 함부로 도덕과 정의, 그리고 공정사회를 말할 수 없게 돼 버렸다는 사실이다. 그 까닭은 윤석열 대통령은 수신제가는 물론 대통령으로서 정치 경험마저 일천(日淺)한 까닭에 박근혜 전 정부처럼 비선 실세는 물론 윤핵관(윤석열 핵심 관계자), 천공 등이 알게 모르게 국정을 농단하며 설쳐 대고 있기 때문이다.

이재명 더불어민주당 대표 역시 각종 의혹에 연루돼 사법 리스크에서 벗어날 수 없는 처지에 놓여 있다. 여론 조사 결과 국민 57.8%가 이재명 대표에 대해 '사법 리스크가 있다.'라고 답했다. 그런데도 이재명 대표는 제1 야당 대표라는 직함 뒤에 숨어 자기합리화와 변명으로 일관하면서 정치 탄압, 보복 수사라고 지지자들을 선동하며 항변하고 있다. 범죄자를 목숨 걸고 지키겠다고 악을 쓰는 야당과 강성 무뇌 지지자들, 그리고 "돈은 훔쳤는데 도둑질은 하지 않았다."라고 억지를 부리고 있는 이재명 대표를 지켜보는 국민은 할 말을 잊은 채 그저 웃을 뿐이다.

정치 패러디의 한계

진실은 일반적으로 중상모략에 대한 가장 훌륭한 변호이다.

— 에이브러햄 링컨

지난 18대 대선을 앞두고 민중화가 홍 모 씨의 박근혜 후보의 출산 그림과 여성의 성기에서 뱀의 몸통을 가진 박정희 전 대통령이 출산하는 모습을 그린 패러디물이 '예술이 아니라 폭력'이라는 비난과 함께 트위터 등 SNS에서 찬반 논란이 뜨겁게 진행된 적이 있다. 얼마 전에도 물론 패러디물과 성격은 조금 다르지만, 국회의 「2023 굿바이전 인(in) 서울」에 전시 예정이던 윤석열 대통령 부부를 풍자한 그림이 표현의 자유가 아닌 인격 모독이자 비방성 그림이라며 국회 사무처에 의해 강제 철거 되었다.

또 한국만화축제가 주최한 전국학생만화공모전에서 금상을 받은 한 고등학생 작품 역시 논란이 되었다. 「윤석열차」란 제목을 단 희화적 그림(카툰)에는 윤 대통령의 얼굴을 한 열차가 연기를 내뿜으며 놀란 시민들을 쫓고 있는 가운데 열차 조종석에는 김건희 여사가, 나머지 열차에는 검사들이 칼을 들고 서 있는 장면이 그려져 있었기 때문이다.

그런데 패러디(parody)는 "익살 혹은 풍자적 효과를 위해 행하는 문학, 음악 혹은 작곡 등 주요 작품의 모방"으로 정의할 수 있다. 패러디의 기본은 특정 원작을 모방하는 일이지만, 원작의 형식이나 내용을 어느 정도 변형시켜 모방하는 특징이 있다. 우스꽝스럽게, 무섭게, 슬프게 등등 다양한 느낌이 들도록 변형시키기 때문에 일반 표절과는 구별돼, 또 다른 새로운 작품으로 인정받고 있다. 이 같은 패러디는 트로이 전쟁을 다룬 호모의 서사시 『일리아드』를 패러디한 『개구리들과 쥐들의 전쟁』이라는 작품이 그리스 당대에 등장했을 만큼 오랜 역사성을 가지고 있다.

그런데 당시 선관위는 홍 모 씨가 자신의 블로그에 올린 박정희 뱀 그림이 공직선거법 251조의 후보자 비방죄에 해당한다고 판단하고 검찰에 수사를 의뢰했었다. 현행 선거법은 특정 후보자를 당선 또는 낙선시킬 목적으로 배우자나 직계존속 등을 비방할 경우 3년 이하의 징역, 또는 500만 원 이하의 벌금을 물리게 돼 있다.

정치 패러디물이 선거법 위반으로 처벌된 사례는 2004년 17대 총선에서 정치인의 얼굴을 합성한 영화 포스터 패러디물을 제작해 인터넷에 유포한 신 모 씨였다. 당시 서울중앙지법 형사 23부는 신

모 씨의 패러디물에 대해 “총선에 영향을 끼치려는 목적 아래 이루어진 행위로 인정돼 유죄”라고 밝히고, 벌금 150만 원을 선고하였다. 재판부는 “이들 패러디가 선거와 관련된 이미지가 확실하고 피고인의 정치적 성향을 명확히 드러냈으며, 17대 총선에 영향을 미치려는 의도가 인정된다.”라고 선고 이유를 밝혔다.

이 같은 판결에 대해 일부 법조계 인사들과 관련 시민 단체들은 헌법에 보장된 표현의 자유를 고려하지 않은 편협한 판결이라고 강하게 비판하였다. 굳이 처벌이 필요했다면 특정인에 대한 허위사실 유포 등 명예훼손으로 충분히 처벌할 수 있음에도 불구하고 선거법으로 규제하는 것은 표현의 자유를 명백히 침해한 것이라는 지적 또한 많았다.

패러디는 사회 현상에 대한 재치 넘치는 풍자를 통해 직접적인 비난이나 비판보다 훨씬 더 효과적이고 강렬하면서도 설득력을 가지고 있다는 점에서, 그리고 촌철살인(寸鐵殺人)의 메시지를 효과적으로 전달할 수 있다는 점에서 긍정적이라고 할 수 있다. 반면에 타인의 명예를 훼손하는 인신공격성 패러디나 어떤 불순한 목적을 위해 표현되는 도를 넘는 패러디는 패러디가 가진 부정적 측면이기도 하다.

그러나 패러디는 어디까지나 패러디일 뿐이다. 선진국의 경우 우리나라처럼 선거법 위반 혐의로 패러디 제작자를 처벌한 예는 없다. 그리고 패러디물을 저작권법에 규정을 두고 있는 나라 역시 전 세계적으로 프랑스 정도가 있을 뿐이다. 이런 까닭에 인터넷 문화의 등장으로 시대가 하루가 다르게 급변하고 있는 상황에서 낡고 허술한 선거법을 근거로 규제하거나 제재를 가하는 것은 또 다른 표현의 자유를 무시한 법의 남용에 불과하다. 따라서 차제에 선거법을 21세기 시대에 걸맞게 개정해야 할 것이다.

그리고 패러디는 어디까지나 재치나 유머를 바탕으로 그려져야 하며 타인의 권리나 명예를 훼손하거나 불순한 의도를 가진 패러디물 제작은 패러디 제작자들 스스로 자제하고 추방해야 옳은 일일 것이다. 특히 패러디도 다른 장르처럼 일반 의사 표현의 한 가지 수단에 불과하다. 따라서 늘 주던 예산을 깎으면서 겁박할 것이 아니라 건전한 표현 문화로 정착될 수 있도록 일깨우고 발전시키고자 하는 노력과 지혜가 절실히 필요하다.

답이 없는 정부

지도자는 길을 알고, 길을 가고, 길을 제시하는 사람이다.

— 존 C. 맥스웰

윤 대통령 정부가 들어섰지만, 물가는 끝 모르게 고공행진 중이고, 서민 경제는 엉망진창이며 국격은 하루가 다르게 추락하고 있다. 지난 대선 당시 윤석열 대통령 후보와 국민의힘이 국민을 향해 그토록 부르짖었던 '공정과 상식' 역시 온데간데없고 정쟁과 비방과 몽니가 난무하는 험상궂은 세상이 되고 말았다.

어쩌다 대한민국이 하루아침에 이 모양 이 꼴이 되었는지, '국가는 왜 존재하는지'를 다시 한번 생각하지 않을 수 없다. 국가의 존재 이유는 '국민의 기본권 보호 의무', 즉 국민의 생명과 신체, 재산을 보호하기 위해서다. 대한민국 헌법 제10조는 "모든 국민은 인간으로서의 존엄과 가치를 가지며, 행복을 추구할 권리를 가진다. 국가는 개인이 가지는 불가침의 기본적 인권을 확인하고 이를 보장할 의무를 진다."라고 돼 있다.

159명의 무고한 젊은 생명을 앗아 간 이태원 참사는 2014년 박근혜 정부 시절 304명의 생명을 앗아 간 세월호의 판박이 그대로였다. 압사 사고를 미리 감지한 시민들의 신고가 빗발쳤지만, 철저히 무시된 채, 어느 것 하나 제대로 작동하지 않았다. 세월호 참사 이후 재발 방지를 위해 무려 1조 5천억 원의 세금으로 구축한 '국가재난안전통신망'마저도 불통으로 무용지물이었다.

그런데 정부는 이태원 '참사'라는 표현 대신 이태원 '사고', '희생자' 또는 '피해자'가 아닌 '사망자' 또는 '부상자'라는 표현을 공식적으로 쓰도록 했다. 그리고 애도 기간 내내 공무원들은 '근조(謹弔)'가 표시되지 않은 검은 리본을 달도록 했다. 정부는 공적 문서에서 객관적 표현을 사용한다는 관행을 따랐다고 했지만, 정부 책임론을 축소 은폐 하려는 치졸한 꼼수로 보여 공분을 샀다.

윤 대통령의 지난 1년여를 돌이켜 보면 '답이 없는 정부'라는 데 이견이 없다. 군색(窘塞)한 명분으로 멀쩡한 대통령 관저인 청와대를 버리고 수천억 원의 국민 혈세를 낭비하며 용산으로 대통령실을 이전했다. 윤핵관들의 꼴사나운 권력 투쟁과 함께 논공행상에 따라 권력을 나누고 지난 정부 흠집 내기와 정쟁으로 허송세월하였다. 그뿐만 아니라 대통령은 해외 순방 중 부적절한 비속어 사용으로 세계적 웃음거리가 돼 국격마저 크게 훼손시켰다. 그런데 한 국가의 대통령으로서 잘잘못을 인정하고 사과하기는커녕 적반하장으로 이를 사실 보도한 MBC에 대해 대통령 전용기 탑승을 거부하는 등 보복성 언론 탄압도 서슴지 않았다.

북한은 시도 때도 없이 제멋대로 미사일을 쏘아 대고 있으나 이를 근본적으로 해결하기 위한 대책도 비전도 없다. 미사일을 쏠 때마다 쇼에 불과한 의례적인 국가안전보장회의를 열고 실효성 없는 대책과 공허한 엄포만을 앵무새처럼 되풀이하고 있어 국민은 답답하다. 임기를 다 채우고 무사히 퇴임할 수 있을지 우려하는 목소리가 높은 이유다.

국민이 선거를 통해 윤 대통령과 국민의힘에 정권을 쥐여 준 까닭은 지난 문재인 정부와 더불어민주당의 잘못을 반면교사로 더 살기 좋은 국가, 더 안전한 나라를 만들어 달라는 소박한 기대와 소망에서였다. 그러나 기대와 소망은 좌절과 절망으로 바뀌었다. 오죽했으면 중고등학생들이 촛불을 들고 주말마다 여기저기서 대통령을 탄핵해야 한다고 난리들일까.

그런데도 윤 대통령과 여당은 눈을 감고 귀를 막아 버린 채 무사안일 속에 이태원 참사에 대한 진정성 있는 사과도, 책임지는 모습도 끝내 보이지 않았다. 윤 대통령 부부는 이태원 참사 49재가 열리던 날 추모제에 불참했다. 대신 비슷한 시간 서울 안국역 근처에서 중소벤처기업부 주최로 열린 소비 촉진 행사 「윈·윈터 페스티벌」에 참석하여 대통령 부부는 방짜유기 둥근 술잔을 샀다. 수많은 시민이 추모제를 찾아 희생자를 기리고 유족을 위로하며 함께 울고 있는 시간에 "술 좋아한다고 술잔 샀다고 그러겠네."라며 농담마저 서슴지 않았다. 정작 국민 안전의 최종 책임자인 대통령은 다른 행사장에서 우스갯소리를 하고 있었다. 윤 대통령의 무감각, 무성의, 무책임에 할 말을 잃고 말았다.

민심을 외면한 정권은 결국 무너지고 만 사례를 우리는 역사를 통해 수없이 목격해 왔다. 윤 대통령과 국민의힘은 더 늦기 전에 집권 초심으로 돌아가 환골탈태해야 한다. '생즉사 사즉생(生卽死 死卽生)' 각오로 이태원 참사 책임자를 엄벌하고 인적 쇄신을 통해 거듭나야 한다. 국민은 다시는 불행한 대통령을 보고 싶지 않기 때문이다.

영부인의 논문 백서

자신에 대한 진실을 말하지 않으면, 다른 사람에 대해서도 진실을 말할 수 없다.
— 버지니아 울프

윤석열 대통령의 배우자 김건희 여사의 논문 표절을 검토한 범학계 국민검증단은 2022년 12월 17일 촛불 행동 집회에서 논문의 검증 결과를 담은 백서 '영부인의 논문'을 내놓았다. 이들은 백서를 통해 김 여사의 박사 학위 논문과 기타 논문 3편 모두 명백한 표절이라고 밝혔다.

대통령 부인의 학위 논문 표절 시비가 세간의 뜨거운 감자로 등장한 지 꽤 오래됐다. 대통령 부인은 숙명여대에서 석사 학위를, 국민대에서 박사 학위를 받았다. 대통령 부인은 그동안 이들 학위를 발판으로 여러 대학에서 강의도 하고 사회 활동도 해 왔다.

논문 표절 검증 프로그램으로 대통령 부인 석·박사학위 논문의 표절률을 검증한 결과 두 논문 모두 40% 이상 표절한 것으로 나타났다. 석사 논문 표절률은 최대 54.9%나 됐다. 이는 다른 사람의 피땀 흘린 학문적 수고와 노력을 아무런 대가도 지불하지 않은 채 송두리째 강탈한 후안무치한 행위를 한 것으로 지탄받아 마땅하다. 특히 대통령이 후보 시절부터 금과옥조처럼 지향한 '공정과 상식'에도 크게 반한 일이다.

그런데도 국민대는 논문 표절 의혹이 제기된 대통령 부인의 박사학위 논문과 학술논문 등 3편에 대해 8개월간의 재조사 끝에 "연구부정이 아니다."란 결론을 내렸다. 그리고 국민대는 "영문 표현을 포함한 완성도와 인용에서 미흡한 점이 일부 있지만, 검증의 대상이 아니며, 이미 공개된 통계자료를 활용했고, 해당 논문 작성 당시엔 연구윤리 시스템 등이 미비했다."라는 이유까지 친절하게 덧붙였다.

그러나 이 같은 결론은 상아탑으로서의 대학의 역할과 소명을 하루아침에 포기한 부정한 폭거이자, 학자적 양심마저 팽개쳐 버린 경천동지할 일이다. 한마디로 "돈은 훔쳤는데 도둑질은 하지 않았다."라는 말과 궤가 같은 해괴망측한 궤변일 뿐이다.

그뿐만이 아니다. 대통령의 멘토라는 신 아무개 변호사는 "저도 대학교수를 20년 해 봐서 잘 압니다마는 그런 정도의 논문 표절, 그런 것은 흔하게 있습니다."라며 대통령 부인의 표절 논문을 발 벗고 나서 두둔했다. 발언 자체가 황당무계해서 할 말이 없다. 그런데 그 역시 20년 동안 교수직에 있으면서 본인이 쓴 논문에 대해서 스스로 표절한 사실을 자인한 꼴이다. 그동안 그는 표절한 논문으로 연구비 받아 호의호식하며 살아온 셈이다. 멘토란 모름지기 멘티를 위해 모범을 보이고 멘티를 올곧게 이끄는 역할을 해야 함은 당연지사다. 그러나 그는 한자리 얻고 싶은 절박함에 매몰돼 멘토 역할을 망각한 채 이 정권 저 정권을 넘나들며 부화뇌동하고 있어 보기 참 딱하다.

대통령 부인의 석사 논문 표절 피해 당사자인 숙명여대 구연상 교수는 국민대가 대통령 부인 논문이 표절이 아니라고 판단한 것에 대해 "시스템의 악행이고 제도 폭행"이라고 일갈했다. 그리고 "대통령 부인의 논문을 다른 사람이 인용할 때는 대통령 부인의 이름(김건희)으로 인용하게 된다. 그러면 제 이름은 삭제가 되고 모든 학문적인 업적이 박탈당한 셈"이라고 울분을 토하며 대통령 부인의 진정어린 사과를 요구했다.

논문 표절 문제는 연구 윤리 이전에 연구자로서 지켜야 할 최소한의 도덕적 양심과 윤리의 문제다. 한 나라 수반의 부인으로서의 지켜야 할 도덕적·윤리적 책무는 일반 필부의 아내와 그 차원이 달라서 더 엄격한 잣대로 재단할 수밖에 없다. 이런 까닭에 논문 표절 논란에 대해 시간이 지나면 묻힐 것이란 얕은 생각으로 방기(放棄)한다면 더 큰 화를 자초할 뿐이다. 국민대와 몇몇 추종자들만이 논문 표절 사실을 두둔하고 왜곡하고 있을 뿐, 대통령 부인의 논문 표절의 진실을 국민은 물론 학계 모두가 인정하고 또 알고 있기 때문이다.

지금이라도 대통령 부인은 국민 앞에 석고대죄하고 표절 논문을 스스로 반납해야 옳다. 그 까닭은 대통령 부인으로서 국격을 떨어뜨리고 밤새워 연구하며 논문을 쓴 연구자들에게 지울 수 없는 크나큰 상처를 주었기 때문이다. 그리고 학자적 양심이 아직 눈곱만큼이라도 남아 있다면 대통령 부인 논문 지도 교수는 물론 논문 심사위원 모두 침묵으로 일관할 것이 아니라 국민 앞에 진정 어린 양심 고백을 하고 용서를 구해야 최소한의 도리일 것이다.